마음읽기와 마음나누기

마음이론과 사회적 적응에 관한 소고

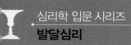

심리학 입문 시리즈
발달심리

마음읽기와 마음나누기

| 김혜리 저 |

마음이론과 사회적 적응에 관한 소고

학지사

머리말 <<<

    우리는 살아가면서 모습과 표정이 다를 뿐만 아니라 하는 행동도 서로 다른 다양한 사람들을 접하게 된다. 나를 보고도 못 본 듯이 그냥 지나가는 친구를 보기도 하고, 낯선 사람인데도 나를 향해 상냥한 눈빛으로 미소를 지으면서 지나가는 사람을 보기도 한다. 이러한 사람들을 보면서 우리는 무의식중에 '저 친구가 나를 보지 못했나? 아니면 일부러 못 본 척하는 건가?' '저 사람은 처음 보는 사람인데, 뭔가 좋은 일이 있나? 나한테 호감이 있나?' 하고 상대방의 마음을 생각하게 된다.

    다른 사람의 행동이나 표정을 보고 그 사람의 기분이나 생각을 짐작해 보는 일은 우리가 일상적으로 하는 일이어서, 자신이 왜 다른 사람의 마음을 생각하는지에 대해 깊이 생각해 보는 일조차 거의 없다. 그렇다면 '우리는 왜 타인의 행동이나 표정 등에서 그 사람의 생각을 읽는가?' 이 문제는 지난 30여 년간 심리학, 철학, 인지신경과학 등 다양한 학문 분야에서 중요한 주제로 연구되어 왔다.

철학 분야에서는 사람들이 왜 사람의 행동을 그 행동과 관련된 신체기관의 기능이나 신체 구조 또는 행동과 외적 상황 간의 관계로 이해하지 않고, 굳이 눈에 보이지도 않고 확인할 수도 없는 마음과 관련지어서 이해하는지에 관해 논리적으로 고찰하려고 하였다.

심리학 분야에서는 태어난 지 수개월밖에 되지 않은 어린 아기들도 사람의 표정이나 행동에서 그 사람의 마음을 읽을 수 있는지, 마음을 읽는 능력이 자라나면서 연령에 따라 어떤 차이를 보이는지 등을 발달심리학적 관점에서 연구하였다. 더 나아가 마음을 읽는 능력이 사회적 적응에 미치는 영향에 관심을 두고 연구하기도 하였다. 예컨대, 다른 사람의 행동에서 그 사람의 마음을 파악하지 못하는 사람은 다른 사람과 교류를 잘하지 못하고, 다른 사람에 비해 마음을 읽는 능력이 뛰어난 사람은 사회적 교류를 얼마나 효율적으로 잘하는지에 대해 연구하였다. 만약 그렇다면 사회적 상호작용 능력에 손상이 있는 자폐 스펙트럼 장애를 가진 사람들의 사회적 능력 결함은 마음을 읽는 능력의 손상으로 설명될 수 있을 것인지도 주요 연구 주제였다.

마음을 읽는 능력이 인간의 적응에 아주 중요한 능력이라면, 이러한 능력이 인류의 진화과정에서 진화된 것인지도 연구 주제가 된다. 진화의 결과로 마음읽기가 우리 뇌의 특정 영역에서 전문적으로 처리된다면, 그 영역은 어떤 영역인지도 중요한 물음이 된다. 이러한 물음은 인지신경과학 분야에서 수많은 연구를 산출하였다.

사람의 행동이나 표정에서 그 사람의 기분이나 생각을 읽는 능력

에 대해 심리학, 철학, 인지신경과학 등 다양한 분야에서 수행된 연구
는 모두 흔히 '마음이론' 연구로 불린다(왜 마음이론이라고 하는지에 대
해서는 제1장에서 기술하였다). 이 책은 마음을 읽는 능력, 보다 일반적
인 용어로는 마음이론에 관한 내용을 담았다. 마음이론에 관해서는
지난 30여 년간 심리학, 철학, 인지신경과학 등 다양한 학문 분야에서
활발하게 연구되었으나, 이 책에서는 발달심리학 분야에서 밝혀진 결
과를 중점적으로 다루었다. 사람의 행동, 표정 등의 단서부터 상대방
의 마음을 파악하는 인지적 능력인 마음읽기 능력에 관한 기초 이론
적인 연구에 그치지 않고, 마음읽기 능력이 사회적인 발달에 어떻게
영향을 줄 수 있는지를 다룬 연구까지 포괄적으로 고찰하였다.

　제1장에서는 우리가 왜 사람의 행동을 그 사람의 마음과 관련지어
이해하는지, 즉 왜 마음읽기를 하는지에 대해 알아보았다. 제2장에서
는 마음읽기 능력이 인간에게 왜 중요한지에 대해 알아보았다. 이와
관련하여, 진화 역사에서 군집생활을 하는 인류가 생존하기 위해 필
요했던 능력이 상대방의 마음을 읽는 능력이라는 심리철학 분야의 주
장과 그 근거를 살펴보았다. 제3장에서는 마음읽기 능력의 발달적 변
화에 대해 살펴보았다. 이어지는 제4장과 제5장에서는 마음읽기 능
력과 사회적 행동 간의 관계에 대해 알아보았다. 제4장에서는 마음읽
기 능력이 실제로 다른 사람과 어울리면서 살아가는 사회적 상호작용
능력을 잘 설명해 줄 수 있는지에 대해 알아보았다. 제5장에서는 다
른 사람과 친사회적으로 교류하는 사회적인 사람으로 성장하는 데 마
음읽기 능력 이외에 어떤 능력이 필요한지를 고찰해 보았다. 아동 및

청소년을 대상으로 한 발달심리학 연구와 침팬지 및 보노보를 대상으로 한 영장류의 연구 결과는 상대방의 마음을 파악하는 마음읽기에서 한 걸음 더 나아가 상대방의 마음에 연결되어서 공명하는 마음나누기가 필요하다는 것을 보여 주고 있다. 마지막 제6장에서는 앞선 장들에서 보여 준 연구 결과에 기초하여, 다른 아이와 협동하고 나눔을 잘하는 사회적인 아동으로 성장하는 데 어떤 환경 조건이 필요한지에 대해 제언해 보고자 하였다. 또 마음읽기와 마음나누기 능력을 함양할 수 있는 방법에 대해서도 생각해 보았다.

심리학의 여러 주제 중에서 우리의 사회적인 삶과 적응의 토대가 되는 주제가 마음이론이라고 생각하여 이 책을 집필하게 되었다. 나 자신에 대해 더 잘 이해해 보겠다는 바람으로, 심리학을 공부하기 위해 선택한 대학원 진학과 유학, 충북대학교 심리학과에서 교수로 재직하는 내내 지각 발달, 단어의미 발달, 개념 발달, 마음이론 발달 등 아동의 사고 발달에 관한 연구는 나 자신을 되돌아보는 데도 많은 도움이 되었을 뿐만 아니라 흥미로웠다. 그러나 그 많은 주제 중에서도 마음이론의 발달이 단연 가장 흥미로웠다. 어린 시절부터 나는 다른 아이들과 잘 어울리지 못하였고, 이에 대해 스스로 고민을 많이 했기 때문이다. 마음이론이라는 주제가 심리학에서 연구되기 시작할 때 이 주제가 바로 나 자신의 문제를 다룬다고 느꼈다. 과연 어떤 연구 결과가 나올 것인지에 대해 강한 호기심과 흥미를 가지고 20여 년간 이 주제에 몰두하였다. 20여 년간 여러 동료 및 학생과 함께 수행한 연구를 통해서 나의 어린 시절부터 가졌던 의문점이 어느 정도 풀린 것 같다. 이 책에는 충북대학교 심리학과에서 여러 동료 및 학생과 함께 수행한 연구 결과도 다양하게 포함하였다. 나와 같이 사회적 능력의 부족함에 불편을 느끼며, 그러한 자신의 문제가 어디에서 오는지 그 근원을 파악해 보고 싶어 하는 심리학적 마인드를 가진 심리학과 학부생이나 일반인을 염두에 두고 책을 쓰기 시작하였다. 그러나 마음이론이 심리학, 철학, 인지신경과학 등 다양한 학문 분야에 걸쳐 있는 주제이기에 어쩔 수 없이 다소 어려운 개념이 포함되었다. 어려운 개념을 기술해야 할 때마다 이해하기 쉽게 기술해 내지 못하는 나 자신의 한계를 느끼고 안타까워하곤 하였다.

이 책은 마음이론 연구를 함께 수행하고 애써 준 여러 동료 심리학자와 학생이 없었다면 불가능했을 것이다. 이 자리를 빌려 이들에게 그 과정을 함께해 준 것에 대해 깊이 감사드린다. 마음이론 연구를 하던 당시 실질적인 도움과 기쁨을 많이 준 사람은 지금 30대 초반의 든든한 성인으로 성장한 딸 지원이와 아들 국효이다. 마음이론 연구를 시작할 당시 만 4세였던 지원이와 세 살 터울인 국효는 초등학교 고학년이 될 때까지 내가 과제를 고안하여 시험해 볼 수 있는 좋은 대상이 되어 주었다. 지원이와 국효는 과제를 하면서 아주 즐거워했기에 그 과정에서 연구는 우리의 놀이가 되기도 하였다. 연구하면서 함께 놀았던 그 시절이 지금도 그립다.

마음이론 연구를 하던 시절은 내 인생에서 가장 바쁘게 살았던 시절인 만큼 상대적으로 다른 일은 소홀할 수밖에 없었다. 이를 탓하지 않고 옆에서 잘 지켜봐 주고 응원해 준 남편에게 감사하다. 이 책이 완

성되는 데는 그 무엇보다 평생의 벗인 영남대학교 이현진 교수의 힘이
크다. 집필이 빨리 끝나도록 조언과 챙김을 해 주었기에 마무리할 수
있었다. 또 33년간 충북대학교 심리학과에서 함께했던 이승복 교수께
감사드린다. 독서광이신 이승복 교수가 최신 참고 도서에 관한 정보
를 준 것이 나의 관점을 넓히는 데 많은 도움이 되었다. 미완성의 원
고를 꼼꼼하게 읽고 더 깊이 생각해 보아야 할 점에 대해 예리한 의견
을 주신 충북대학교 심리학과 박상희 교수께 깊이 감사드린다. 마지
막으로, 오랜 시간 원고를 기다려 주신 학지사 김진환 사장님과 좋은
책이 완성되도록 편집해 주신 학지사 편집부 홍은미 선생님과 조은별
선생님에게 감사드린다.

2023년 2월

김혜리

차례 <<<

06
사회적인 사람으로 성장하는 데 필요한 환경 • 205

INTRODUCTION
TO
PSYCHOLOGY

01 _

우리는 왜 끊임없이 마음을 읽는가

우리는 살아가면서 주변 사람들의 행동이나 표정을 보고 그 사람의 마음을 읽는다. 이 장에서는 '왜 사람들이 다른 사람의 행동에서 그 사람의 마음을 읽는 마음읽기를 하는가?'에 대한 문제를 다룬다. 심리학자들은 사람이 마음이론을 가지고 있기 때문에 마음읽기를 한다고 본다. 마음이론이란, 사람이 마음을 가지고 있고 그 마음으로 인해 특정 행동을 하게 된다는 행동과 마음 간의 관계에 대한 지식이다. 철학자들의 주장을 통해 마음이 행동을 유발한다고 보는 마음이론의 논리적 근거를 알아볼 것이다.

우리의 일상생활은 가족, 친척, 친구, 선후배, 이웃, 낯선 사람 등 다양한 사람들과 거미줄같이 연결된 관계 속에서 이루어진다. 그 과정에서 우리는 다른 사람과 협동하거나 경쟁하는 등 다양한 형태로 상호작용하면서 살아간다. 다른 사람과 상호작용하면서 살기 위해서는 그 사람의 행동을 이해하고 그 행동에 적절하게 반응할 수 있어야 한다. 우리는 다른 사람의 행동을 어떤 방식으로 이해할까? 우리가 다른 사람의 행동을 어떻게 이해하는지에 대해 예를 들어 생각해 보자.

오늘 아침 길을 가다 친구와 마주쳐서 반갑다고 인사를 했는데, 친구가 평소에 반갑게 인사를 받아 주었던 것과는 달리 못 본 척 그냥 지나치는 것을 보았다고 상상해 보자. 우리는 이 친구의 행동을 어떻게 이해할까? 아마도 친구가 그러한 행동을 한 이유를 다양하게 생각해 볼 것이다. '나를 보지 못했나?' '안 좋은 일이 생겼나?' '기분이 나쁜가?' '내가 무엇인가 잘못해서 화가 났나?' 등 다양하게 그 이유를 추론해 보는데, 공통점은 친구가 어떤 마음에서 그런 행동을 했는지를 추론하는 것이다. 친구에게 안 좋은 일이 생겨서 나를 보고도 못 본 척 그냥 지나치는 건 아닌가 하고 생각하는 것은 언뜻 보기에는 친구가 처한 상황에서 그 원인을 찾는 것으로 보일 수 있다. 그러나 잠시만 더 생각해 보면, 이 경우도 친구에게 안 좋은 일이 생겨서 기분이 좋지 않아 나를 보고도 못 본 척하고 지나쳤을 것 같다는 의미가 포함된 것이다. 이처럼 우리는 사람의 행동을 이해할 때 그 사람의 마음을 추론하여 이해하는데, 사람의 행동을 마음과 관련해서 이해하는 것이 '마음읽기(mindreading)'이다(Baron-Cohen, 1995/2005).

1. 마음읽기와 마음이론

다른 사람의 행동을 보고 그 사람의 마음을 읽는 것은 우리가 일상
적으로 하는 일이어서 우리는 자신이 다른 사람의 마음을 읽고 있음
을 별로 의식하지 않는다. 뿐만 아니라, 자신이 왜 마음읽기를 하는가
에 대해 생각해 보는 일도 거의 없다. 그러나 심리학자들은 일반인이
당연하게 여기는 일에도 의문을 가지고 연구를 진행한다. 예를 들어
서, 애스팅톤(Astington, 1993), 바론코헨(Baron-Cohen, 1995/2005), 고
프닉(Gopnik, 1993), 웰먼(Wellman, 1990)과 같은 심리학자들은 사람
들이 왜 별로 의식하지도 않은 채 마음을 읽는지에 대해 탐구하고 연
구하였다. '왜 사람들이 다른 사람의 행동에서 그 사람의 마음을 읽
는 것일까?'라는 질문에 대해 이들은 사람들이 '어떤 한 사람의 행동
은 그 사람이 가지고 있는 믿음, 바람, 의도와 같은 마음 상태로 인해
유발된다.'고 가정하기 때문이라고 설명한다. 물론 사람이 하는 행동
(behavior)에는 무릎 관절을 가볍게 치면 다리가 저절로 위로 올라가
는 반사적 행동도 있고, 수면보행증(일명 몽유병)인 사람이 수면 중 일
어나서 걸어 다니는 것과 같이 무의식 상태에서 하는 행동도 존재한
다. 하지만 우리가 하는 대부분의 행동은 어떤 의도가 있어서 하는 행
동(action)이다. 마음읽기와 관련하여서 심리학자들이 연구하는 행동
은 바로 이러한 행동이다. 심리학자들은 사람들이 다른 사람의 행동
을 이해할 때 행위자가 어떠한 의도를 가지고 있기 때문에 특정 행동

을 한 것으로 해석한다고 본다. 여기서 의도란 눈에 보이지 않는 마음 이다.

심리학자들이 주장하는 바를 좀 더 상세하게 기술하면 다음과 같다.

> 사람들은 우리가 내적인 마음을 가지고 있고(비록 우리의 눈으로 그
> 실체를 확인할 수는 없지만) 이 마음이 우리로 하여금 특정 행동을 하
> 도록 동기화한다고 생각한다. 따라서 다른 사람이 특정 행동을 하는 것
> 을 보면, 그 사람이 어떤 마음에서 그러한 행동을 하는 것인지 그 마음
> 을 추론하여 읽는다(Astington, 1993; Baron-Cohen, 1995/2005;
> Gopnik, 1993; Perner, 1991; Wellman, 1990).

사람은 마음을 가지고 있으며, 그 마음으로 인해 특정 행동을 하 게 된다는 것에 대한 이해 또는 이에 대한 지식을 '마음이론(theory of mind)'이라고 한다. 이러한 주장에 따르면, 우리가 마음읽기를 하는 것은 마음이론을 가지고 있기 때문이다.

일반 사람들이 가지고 있을 것이라고 심리학자들이 가정하는 마음 이론을 단순하게 도식화하면 [그림 1-1]과 같다. [그림 1-1]에서 볼 수 있듯이 바람, 믿음, 의도 등의 마음 상태가 특정 행동을 일으키는 원인이 되는데, 바람은 기본 정서나 생리적 상태에 의해 일어나고, 믿 음은 지각, 인지적 정서에 의해 영향을 받을 뿐만 아니라 바람에 영향 을 주는 등 다양한 마음 상태와 상호 관련되어 있다. 예를 들어, "아, 목말라."라고 말하면서 책상 쪽으로 가고 있는 친구의 행동을 설명

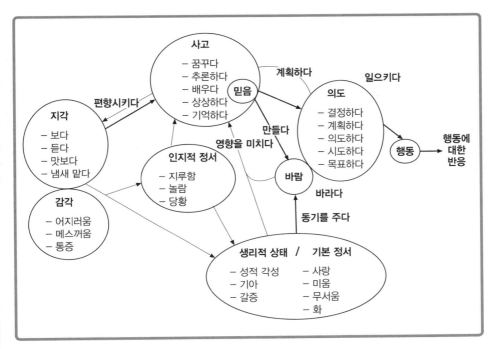

[그림 1-1] 일반 성인이 가지고 있는 마음이론

출처: Wellman (1990).

해 본다면, '갈증이 나서 물을 마시고 싶은데(바람), 조금 전에 작은 생수통이 책상 위에 있는 것을 보았기(지각) 때문에 생수통이 책상 위에 있다고 생각하여(믿음) 물을 마시기 위해(의도) 책상 쪽으로 가는구나.'라고 해석하는 것이다. 책상 쪽으로 가고 있는 친구의 행동을 생리적 상태, 정서, 바람, 지각, 믿음, 의도와 같은 상호 관련된 다양한 마음 상태와 관련해서 해석하므로 행동에 관한 마음의 이론이라고 할 수 있다.

　사람의 행동을 마음과 관련해서 설명하는 것을 굳이 어렵고 복잡하게 '이론'이라고 해야 하는가 하는 의문이 들지만, 웰먼과 같은 심리학자는 행동에 관한 마음의 이론인 마음이론도 이론으로서의 특징을 가지고 있기에 이론이라고 볼 수 있다고 주장한다. 이론은 복잡한 이론이든 간단한 이론이든, 제한된 영역의 특정 현상을 설명하기 위해 만들어진 것이며, 이론의 가장 기본적인 목표는 현상을 인과적으로 설명하는 것이다. 또한 현상을 설명하기 위해 눈에 보이지 않는 추상적 구성개념을 사용하는 추상성의 특징을 가지며, 현상을 설명하기 위해 사용하는 추상적 구성개념이 응집력 있게 서로 관련되는 응집성의 특징도 가진다(박선미 외, 2005a, 2005b; Medin & Atran, 1999; Wellman & Inagaki, 1997). 마음이론은 행동을 설명한다는 점에서, 행동을 설명하기 위해 추상적 구성개념인 믿음, 바람, 의도와 같은 마음 상태 개념을 사용한다는 점에서, 그리고 다양한 마음 상태 개념이 서로 응집력 있게 상호 관련되어 있다는 점에서 하나의 과학이론과 같다고 할 수 있다(Gopnik & Wellman, 1994). 사람의 행동을 다양한 마음 상태로 설명하는 마음이론이 마치 물체의 움직임을 중력이나 마찰력과 같은 서로 관련된 구성개념을 사용하여 설명하는 물리이론과 같다는 것이다.

앞서 보았듯이 심리학자들은 우리가 마음이론을 가지고 있기에 사람의 행동을 보고 그 사람의 마음을 읽게 된다고 본다(Astington, 1993; Baron-Cohen, 1995/2005; Gopnik, 1993; Perner, 1991; Wellman, 1990). 그럼 왜 우리는 사람의 행동이 그 사람의 마음으로 인해 유발된 것이라고 가정하는 것일까? 우리 인간은 행동에 대한 마음의 이론을 왜 가지게 되었을까? 이에 대한 이론적 근거는 철학 연구에서 나왔다. 일찍이 아리스토텔레스는 "목적(telos)에 호소하지 않고서는 지능적인 동물들의 행동, 특히 사람의 행동을 설명할 수 없다."라고 지적하였는데(민찬홍, 1997), 아리스토텔레스의 이러한 목적론은 브렌타노(Brentano)에 와서 지향성이라는 개념으로 표현되었다. 브렌타노(1874/1960)는 인간은 기계나 도구와는 달리 지향성(intentionality)을 가지고 있는 지향적 체계라고 주장하였다. 지향성이란 무엇을 향하고 있고, 무엇인가에 관한 것임(aboutness)을 뜻하는데, 인간이 지향성을 가지고 있는 이유는 바로 마음이 지향적이기 때문이다. 마음이 지향적이라는 것은, 쉽게 표현하면 마음이란 무엇인가를 대상으로 하고 있으며 그 대상을 지향하고 있다는 것을 의미한다. 예를 들어, 내가 맛있는 사과에 대해 생각하고 있을 경우 내 마음은 맛있는 사과를 향하고 있다는 것이다.

데닛(Dennett, 1978)도 브렌타노와 같이 인간을 지향적 체계로 간주하였다. 데닛은 더 나아가 인간과 같이 지향성을 가지고 있는 대상의 행동과 움직임을 이해하고 설명하는 데 가장 효율적인 방식은 지향적 자세(intentional stance)를 취하는 것이라고 주장하였다. 지향적 자세란 어떤 대상의 행동을 설명할 때 믿음, 바람, 의도와 같은 지향적인 마음 상태를 토대로 설명하는 것을 의미한다. 데닛에 따르면, 지향성을 가지고 있지 않은 기계의 움직임을 이해하기 위해서는 기계의 각 부분이 어떻게 구성되어 있는지 그 설계 구조와 각 부분의 기능을 알면 되지만, 인간과 같이 지향성을 가지고 있는 존재의 움직임과 행동을 이해하는 데 가장 효율적인 방식은 바로 믿음, 바람과 같은 지향적인 마음 상태를 토대로 설명하는 것이다. 왜냐하면 인간을 합리적인 행위자(agent)로 가정한다면, 인간은 누구나 자신이 원하는 바와 믿는 바에 따라 행동할 것이라고 예상할 수 있기 때문이다. 따라서 다른 사람의 행동을 신체 각 부위의 구조와 기능에 대한 지식을 사용하여 복잡하게 설명하는 것보다는 그 사람의 마음 상태가 그로 하여금 특정 행동을 하게 했다고 설명하는 것이 더 효율적이라는 것이다[이에 대한 심리학 문헌은 Baron-Cohen(1995/2005), Gopnik(1993) 참조].

예를 들어, 어떤 사람의 손이 책상 서랍 속으로 들어가서 어떤 물건에 닿는 것을 보았다고 생각해 보자. 이를 보면서 신체 중간 부분의 일부분(즉, 손)이 신체 중심에서 떨어져 나와서 앞쪽 방향으로 얼마만큼 움직인 후 어떤 물건과 접촉했다고 보는 것은 복잡할 뿐만 아니라, 행동의 의미가 파악되지 않으므로 어딘가 이상하고 비효율적인 해석이다. 이에 반해, 사람이 책상 속에 있는 물건을 집으려 한다고 해석하는 것은 설명이 간단할 뿐만 아니라 행동의 의미를 포함하고 있기에 더 효율적이다.

2. 마음읽기에 대한 단순한 증거

사람의 행동을 마음과 관련해서 해석하는 것이 가장 효율적이기 때문에, 우리는 사람의 행동을 그 사람의 마음 상태와 관련해서 이해한다는 주장에 대한 단순(naive)하지만 실증적인 증거를 살펴보자. 우리가 사람의 행동을 정말 그 사람의 마음 상태와 관련해서 해석하는지에 대해 알아보고자 하는 것이다. 인간에 대한 아주 기본적인 질문을 할 때, 우리는 흔히 아동을 대상으로 연구하는 책략을 택한다. 아동은 성인에 비해 살아온 시간이 절대적으로 짧아서 사람의 행동과 그 마음 간의 관계에 대한 이해 정도나 경험이 적다. 경험 학습으로 인한 오염이 적은 아동도 사람의 행동을 그 사람의 마음 상태와 관련지어서 이해하는지를 알아보면 마음읽기의 근원을 살필 수 있을 것이다.

아동이 사람의 행동을 그 사람의 마음 상태와 관련지어 이해하는지 알아보는 가장 간단한 방법은, 어떤 사람이 특정 행동을 했다는 이야기를 들려주고 아동에게 그 사람이 왜 그런 행동을 했을 것인지에 대해 자유롭게 설명해 보도록 하는 것이다. 만약 어린 아동이 사람의 행동을 결정하는 것은 그 사람의 마음 상태라고 생각한다면 이야기 속 등장인물의 행동을 그 인물의 믿음이나 바람, 의도 등 마음 상태를 언급하여 설명할 것이다. 저자가 수행한 연구(김혜리, 2005)에서는 3~11세 아동을 대상으로 다양한 종류의 행동에 대해 설명하도록 하였다. 예를 들어, 어른을 만나서 인사하는 행동과 같이 사회 규범과 관련된 관습적 행동, 공을 가지고 신나게 걸어가는 행동과 같이 사회 규범과 무관한 행동, 아침에 일어나서 밥을 먹는 것과 같이 영양 섭취를 위한 생물학적인 행동 그리고 사회 규범이나 생물학적 의미 등 행동의 의미가 분명하게 드러나지 않는 모호한 행동에 대해 설명하도록 하였다.

  어떤 꼬마가 놀이터에서 혼자 놀고 있다. 그 반대편에 상민이와 승후가 앉아 있는데, 두 사람 모두 놀이터에서 혼자 놀고 있는 꼬마를 바라보고 있다. 상민이와 승후는 놀고 있는 꼬마를 바라보다가 둘이 동시에 얼굴을 돌려서 서로를 쳐다보더니 살짝 웃었다. 그러고는 상민이와 승후는 일어나서 꼬마 쪽으로 웃으면서 다가갔다. 그런데 그때 저쪽에서 꼬마와 상민이, 승후를 유심히 보고 있던 어떤 어른이 급하게 꼬마 쪽으로 달려왔다.

> 〈질문〉
> 상민이와 승후는 꼬마를 보다가 왜 살짝 웃었을까?
> 상민이와 승후는 왜 꼬마 쪽으로 다가갔을까?
> 어른은 왜 급하게 꼬마 쪽으로 달려갔을까?

[그림 1-2] 김혜리(2005)에서 사용한 모호한 행동의 이야기 줄거리, 줄거리와
함께 제시된 그림 및 질문 내용

출처: 김혜리(2005).

　모호한 행동의 이야기 줄거리와 질문 내용을 [그림 1-2]에 제시하였다. 이야기 줄거리에 대한 이해를 돕기 위해 이야기 줄거리를 그린 그림을 아동에게 보여 주면서 내용을 이야기해 준 후 질문하였다. 아동은 등장인물의 행동을 바람이나 믿음과 같은 마음 상태(예: 놀고 싶

어서)나, 이전 행동(예: 공을 받았으니까), 생리적 상태(예: 배고파서), 물

리적ㆍ사회적 상황(예: 어른을 만나서) 등으로 다양하게 설명하였다.

그중 가장 흔한 설명은 마음 상태를 토대로 설명하는 것이었다. [그림

1-3]에 마음 상태로 설명한 비율을 제시하였다.

　[그림 1-3]에서 볼 수 있듯이, 3세 아동의 경우 모든 유형의 행동에

대해 마음 상태를 토대로 설명한 비율이 50%가 되지 않았으나, 5세

이상의 아동은 마음 상태로 설명하는 비율이 행동 유형에 따라 달랐

다. 행동의 의미가 분명하게 드러나지 않는 모호한 행동이나 사회 규

범과 무관한 행동에 대해서는 마음 상태로 설명하는 비율이 높았다.

특히 행동의 의미가 분명하게 드러나지 않는 모호한 행동의 경우는 5세

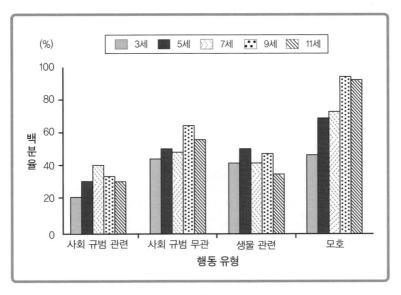

[그림 1-3] 행동의 원인을 묻는 질문에 대해 마음 상태를 언급하여 설명한 비율
출처: 김혜리(2005).

아동도 마음 상태로 설명한 비율이 70%가 넘었다. 5세 정도의 어린 아동도 사람의 행동을 이해할 때 마음읽기를 하고 있음을 보인 것이다. 이러한 증거는 5세 정도부터 아동이 사람의 행동을 행위자의 마음과 관련해서 이해한다는 것을 보여 준다. 3세 아동은 사람의 행동을 그 사람의 마음 상태로 설명하는 비율이 적었는데, 이는 행동과 마음 간의 관계를 이해하지 못했기 때문이라고 볼 수도 있지만, 언어 능력이 부족하여 자신의 생각을 잘 설명하지 못했다고 보는 것이 더 타당할 것이다. 마음읽기 능력의 발달을 다루는 제3장에서 3세 아동이 마음과 행동 간의 관계를 이해한다는 사실을 여러 연구를 통해 보게 될 것이다.

이 장에서는 우리가 사람의 행동을 그 사람의 마음 상태와 관련하여 이해한다는 철학적, 심리학적 주장에 대해 살펴보았다. 철학자들은 마음의 지향성을 강조한다. 마음이 지향하고 있는 것이 있기에 사람들은 마음이 지향하고 있는 것을 이루기 위해 목표지향적인 행동을 하게 된다고 본다. 따라서 사람의 행동을 이해하는 가장 좋은 방법은 마음이 지향하고 있는 것을 알아내는 것, 즉 마음읽기를 하는 것이라는 것이 철학적, 심리학적 주장의 핵심이다. 이러한 주장과 일치하게, 어린 아동도 사람의 행동을 그 사람의 마음 상태를 토대로 설명하는 마음읽기를 한다는 단순하지만 실증적인 증거도 살펴보았다.

제2장에서는 마음읽기가 우리에게 무엇을 가능하게 하는지, 또 어떤 기능을 하는지를 살펴봄으로써 그 중요성에 대해 알아보자.

02_

마음읽기가 왜 우리에게 중요할까

마음읽기를 함으로써 우리는 다른 사람이 왜 특정 행동을 했는지 파악할 수 있고, 이후에 어떤 행동을 할 것인지 예상할 수 있다. 다른 사람의 마음을 조작할 수도 있다. 따라서 마음읽기를 하는 것은 다른 사람과 경쟁하거나 친밀한 관계를 형성하고 유지하는 데 필요하다. 이러한 점에서 진화심리학자들은 마음읽기 능력이 군집생활을 하였던 인류가 생존하기 위해 필요했던 능력이었을 것이라고 본다. 이 장에서는 진화심리학자들의 주장에 대해 살펴볼 것이다.

1. 마음읽기의 중요성

사람의 행동을 그 사람의 마음과 관련하여 이해하는 능력이 우리의 삶에서 어떤 기능을 하며, 우리에게 어떤 이점을 줄까? 이에 대한 답을 찾는 한 가지 방법은 마음읽기를 하는 사람과 마음읽기를 할 수 없는 사람을 비교해 보는 것이다. 마음읽기를 하는 사람으로는, 바로 자신을 생각해 보면 된다. 마음읽기 능력에는 개인차가 있어서 다른 사람보다 마음읽기를 더 잘하는 사람도 있고 잘하지 못하는 사람도 있지만, 대부분의 사람은 별 문제없이 마음읽기를 일상적으로 하면서 살아간다. 반면, 마음읽기를 잘하지 못하는 사람은 선뜻 머리에 떠오르지 않는데, 이는 우리 자신이 마음읽기를 거의 자동적으로 하므로 마음읽기를 전혀 하지 못하는 사람이 상상되지 않기 때문이다. 마음읽기를 전혀 하지 못하는 사람을 상상하기는 그리 쉽지 않지만, 상상의 나래를 펴 보자. 먼저, 다음과 같은 상황을 상상해 보자.

> 한 남자가 두리번거리며 방 안으로 살금살금 들어와서 방 전체를 휙 둘러보다가 책상 서랍 쪽으로 걸어가서 서랍을 열고 그 안에 손을 넣었다가 손을 뺀다. 이후 다시 방을 둘러보다가 옷장 서랍을 열고 그 안을 보면서 미소를 짓고 있다.

앞과 같은 상황에 대해 마음읽기를 하는 사람과 그렇지 못한 사람의 해석이 어떻게 다를 것인지 비교해 보자. 마음읽기를 하는 사람은 이 상황을 보자마자 자동적으로 '이 남자가 몰래 뭔가를 찾으려 하고 있다. 찾으려는 것이 책상 서랍에 있을 것으로 생각하여 책상 서랍 안에서 찾았지만 없었으므로 다시 옷장 서랍 안에서 찾아보았다. 다행히 거기서 원하는 것을 찾아서 기분이 좋은 것이다.'라고 해석할 것이다. 이러한 해석은 이 남자가 한 일련의 행동을 마음과 간결하게 연결 짓는 것이다. 즉, 방 안에서 뭔가를 찾으려고 마음먹었고, 결국에는 그 물건을 찾아서 기쁜 감정을 느끼게 되었다고 행동을 마음과 연결하여 해석한 것이다.

반면, 마음읽기를 하지 못하는 사람은 '마음'이라는 요소를 빼고 다음과 같이 이 사람의 행동을 해석할 것이다. '한 남자가 방 안쪽으로 움직이면서 얼굴을 여러 방향으로 돌리다가 멈춘 후 책상 방향으로 발을 움직였다. 책상 앞에서 멈춰 선 후 책상 서랍 고리에 손가락을 넣어서 당긴 다음 열린 서랍 안에 손을 넣어서 움직이다가 손을 뺐다. 그러고는 다시 얼굴을 들어 여러 방향으로 얼굴을 돌리다가, 옷장 쪽으로 발을 옮겨서 움직이다 옷장 앞에서 멈춘 후 손을 옷장 서랍 손잡이에 넣고 당겼다. 열린 옷장 서랍 안에 손을 넣어 움직이면서 서랍 안쪽으로 얼굴을 가까이한 후 곧 입꼬리를 올렸다.' 이러한 해석은 이 남자가 한 일련의 행동의 순서를 정확하게 기술하고는 있지만, 이러한 행동이 어떤 의미가 있는 것인지, 이 남자가 왜 이러한 행동을 했는지에 대해서는 아무것도 말해 주지 않는다.

이처럼 마음읽기를 하는 사람은 주변 사람이 행하는 일련의 행동을 행위자의 마음과 관련해서 해석하므로 그 사람이 왜 그러한 행동을 했는지 쉽게 이해할 수 있고, 이후에 어떤 행동을 할 것인지도 예상할 수 있다. 더 나아가 마음읽기를 하는 사람은 다른 사람의 마음도 조작할 수 있다. 예를 들어, 중요한 시험에 떨어져서 크게 좌절하였지만 일부러 아무렇지도 않은 듯이 행동함으로써, 자신이 좌절하였음을 다른 사람이 알지 못하도록 다른 사람의 마음을 조작할 수도 있다. 이에 반해, 마음읽기를 하지 못하는 사람은 행동의 물리적 특징에만 주의하므로 주변 사람이 한 행동의 의미를 이해하지 못할 뿐만 아니라, 이후에 그 사람이 어떤 행동을 할지도 예측하기 힘들 것이다.

마음읽기를 하는 것이 우리 삶에 얼마나 중요한지를 분명히 느껴보기 위해서 A와 B 두 사람이 이해 충돌로 감정적으로 대립하다가 점차 물리적 충돌에 이를 정도가 된 상황을 상상해 보자. A와 B 모두 직접적인 물리적 충돌은 피하려 할 것이므로, 주변의 다른 사람을 자신의 조력자로 끌어들여서 조력자가 상대방이 포기하도록 도와주기를 바랄 것이다. 만약 A나 B 중 누군가가 조력자를 구할 수 있다면 상황이 잘 해결될 수도 있을 것이다. 조력자를 구할 수 없다면 A와 B는 물리적 충돌이라는 위기 상황을 스스로 해결해야 하는데, 물리적 충돌에서 이기기 위해 전투력을 강화하려고 노력하는 것도 한 방법이 된다. A가 신체 건장한 사람이라서 이런 방법을 선택했다고 하자. 그러나 상대방의 공격 의도를 미리 읽어서 이 계획을 무력화할 수 있는 방안을 강구하는 것도 한 방법이다. B가 이러한 방법을 선택한다면, A가 공격행동을 할 것으로 예상해서 자신이 혼자가 아니라 조력자가 많은 것처럼 보이도록 하여 A가 공격행동을 보류하도록 유도할 수도 있다. 또는 한 걸음 더 나아가서 A가 공격행동을 잠시 보류한 사이에

A의 허를 찔러 공격을 가할 수도 있다. 이러한 상황은 일반적으로 종종 일어나는 상황인데, A와 B 중 누가 이길 것인가? 전투력을 강화한 A일까, 아니면 상대방의 의도를 읽으려고 하는 B일까? 아마도 대부분의 경우에는 B가 이길 것으로 생각된다.

마음읽기는 대립하거나 경쟁하는 상황에서도 필요하지만, 다른 사람과 우정이나 사랑 등 친밀한 관계를 형성하고 유지하는 데도 필요하다. 자신에게 계속 친절을 베풀어 오던 한 남성이 이번 금요일 저녁에 영화를 제안했을 때, 이 제안을 거절할 것인가, 아니면 승낙할 것인가? 오래 사귀고 있던 취업 준비 중인 남자친구가 어느 날 헤어지자고 말했다면 남자친구의 말대로 헤어질 것인가, 아니면 계속 만나자고 할 것인가? 이런 상황에서는 상대방의 마음을 읽을 수 있어야 바른 선택을 할 수 있을 것이다. 진지한 관계를 찾고 있는 여성이라면, 이 남성의 제안이 앞으로 진지하게 사귀어 보자는 의지를 보인 것인지 아닌지를 파악할 수 있어야 한다. 또 헤어지자는 취업 준비 중인 남자친구의 말이 이제 더 이상 나를 좋아하지 않는다는 것인지, 아니면 여전히 좋아하지만 자신감 상실로 나와의 관계를 유지하기 힘들어서 한 말인지 잘 파악해야 한다. 남자친구가 나에 대한 마음이 식었다는 것을 표현한 것이라면, 남자친구를 보내 주는 것이 현명할 것이다. 그러나 자신감 상실로 한 말이며 자신이 여전히 남자친구를 사랑한다면, 남자친구의 말을 표면적으로 해석하지 않고 그 진의를 읽을 수 있어야 사랑 관계를 유지하고 발전시켜 나갈 수 있다.

2. 마음읽기에 대한 진화심리학적 관점

다른 사람과 상호작용하면서 살아가는 사회적 상황에서는 다른 사람의 행동을 이해하고 예측하는 것이 필요하다. 따라서 마음읽기를 하지 못하는 사람은 마음읽기를 하는 사람에 비해 사회적 상황에서 불리해질 수밖에 없고 또 적응하기도 힘들 것이다. 이러한 점에 착안하여 마음읽기를 진화심리학적으로 접근하려는 시도가 시작되었다.

진화심리학은 인간의 특정 인지과정의 기능을 자연선택이라는 다윈의 진화론 틀 안에서 설명하려는 접근이다(Cosmides, Tooby, & Barkow, 1992). 마음읽기를 진화적으로 접근할 것을 처음으로 제안한 사람은 진화생물학자이자 심리학자인 험프리(Humphrey, 1984, 1986/2003)이다. 그는 마음읽기 능력은 인류의 조상인 구인류가 함께 모여 수렵 채집인으로 살기 시작했던 시기부터 적응에 중요하게 작용하였기에 마음을 읽을 수 있는 개체가 생존할 수 있었을 것이라고 주장한다. 그 결과, 진화과정에서 현재의 인간은 마음읽기 능력을 생득적으로 가지게 되었다는 것이다.

진화적 관점에서 마음읽기 능력에 대한 심리학적 연구를 발전시킨 사람은 바론코헨(1995/2005)이다. 마음읽기 능력이 진화의 산물이라는 바론코헨의 주장은 그의 저서인 『마음맹(盲)[1]: 자폐증과 마음이론에 관한 과학에세이(Mindblindness: An Essay on Autism and Theory of Mind)』에 잘 기술되어 있다. 하여, 마음읽기에 대한 진화적 관점에 대

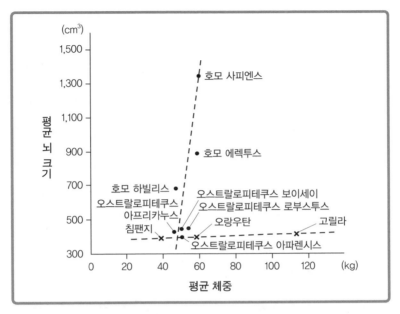

[그림 2-1] 지난 300만 년 동안의 뇌 크기 변화

출처: Lewin (1992).

한 설명은 바론코헨의 『마음盲: 자폐증과 마음이론에 관한 과학에세이』에 기초하여 설명하고자 한다.

바론코헨에 따르면, 마음읽기 능력을 진화적 관점에서 연구하는 학자들(Baron-Cohen, 1995/2005; Brothers, 1990; Byrne & Whiten, 1988; Cosmides, 1989; Humphrey, 1984, 1986/2003)은 구인류가 출현한 시기부터 현생 인류가 출현한 시기까지의 기간에 나타난 사회적 환경과

---

1 마음맹(盲)이라는 용어는 바론코헨이 자폐 스펙트럼 장애의 특징을 기술하기 위해 사용한 용어로, 마음과 같은 정신적 실체에 대해 무지한 상태를 의미하는 용어이다. 즉, 마음 상태에 대해 알거나 이해하지 못한다는 의미이다.

인간 뇌 크기의 변화에 주목한다. 구인류인 오스트랄로피테쿠스는 약 500만 년에서 350만 년 전에 출현하였으며, 약 200만 년 전에 호모 하빌리스(도구를 쓰는 사람이라는 뜻)가 출현하였으며, 약 20만 년 전에는 현생 인류인 호모 사피엔스(슬기로운 사람이라는 뜻)가 출현하게 되었다. 수백만 년에 걸친 이 기간에 구인류는 서로를 약탈하는 약탈자로 살다가 이후 수렵 채집인으로 살았으며, 겨우 약 1만 년 전부터 농경생활을 시작하게 되었다고 한다. 이 기간에 구인류의 뇌의 크기가 3배나 증가하게 되었다. [그림 2-1]에서 볼 수 있듯이, 구인류인 오스트랄로피테쿠스 아파렌시스 이후 호모 사피엔스까지 수백만 년 동안 뇌의 크기는 400cm^{3}에서 현재의 1,350cm^{3}로 증가하였다. 진화적 관점에서 연구하는 학자들은 사회적 환경의 변화와 뇌 크기의 변화가 무관한 것이 아니며, 적응의 결과로 나타난 것이라고 본다.

진화적 관점의 심리학자들은 수백만 년 동안 인간의 뇌 크기가 증가하게 된 원인 중 하나를 인간이 군집생활을 시작하면서 다른 사람의 행동에 대한 정보를 처리하고, 그들의 행동에 대해 적응적으로 반응하기 위한 능력인 '사회적 지능'이 더 많이 필요하게 되었기 때문이라고 주장한다(Baron-Cohen, 1995/2005; Brothers, 1990; Byrne & Whiten, 1988; Cosmides, 1989; Humphrey, 1984, 1986/2003). 두 명의 개체가 함께 살 때와 수십 명의 개체가 무리지어 상호작용하면서 살 때를 상상해 보라. 두 개체가 함께 살 때는 서로의 행동만을 정확하게 이해하고 이에 대해 적응적으로 반응하면 되지만, 수십 명의 개체가 함께 살 때는 자신과 다른 수십 명 간의 일대일 관계에서 일어나는 행

동뿐만 아니라 다른 수십 명 간의 복잡한 상호 관계에서 일어나는 행
동도 이해해야만 한다. 군집생활을 하는 것은 인간만이 아니며, 인간
이외의 유인원에게서도 관찰된다. 유인원의 사회적 환경을 살펴보
면, 인간이 출현한 후 수백만 년 동안의 사회적 환경의 특징을 이해하
는 데 도움이 될 것이다.

[그림 2-2]에 영장류의 진화 계보를 간단하게 제시하였다. 영장류

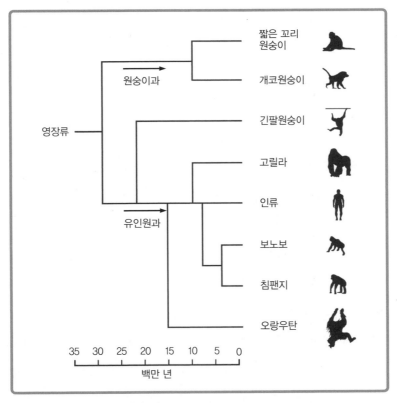

[그림 2-2] 영장류의 진화 계보

출처: Mitchell (1997).

에는 원숭이과와 유인원과가 포함된다. 유인원과의 공통의 조상에서 약 2,500~2,000만 년 전 무렵에 긴팔원숭이가, 1500만 년 전에 오랑우탄이, 800만 년 전에 고릴라가, 500~700만 년 전 사이에 인류가 갈라져 나왔으며, 마지막으로 500만 년 전에 침팬지와 보노보가 각각 갈라져 나왔다. 유인원과에 속하는 영장류들은 다른 포유류와는 달리 사회적 집단을 구성하여 생활한다. 긴팔원숭이는 일부일처 사회를 이루지만, 오랑우탄은 한 마리의 수컷이 한 집단의 암컷을 보호하는데, 암컷들은 집단으로 생활하지 않고 넓은 지역에 퍼져서 생활한다. 고릴라는 여러 마리의 수컷 중 한 마리가 여러 마리의 암컷과 새끼를 지배하며, 침팬지는 여러 마리의 수컷이 여러 곳에 흩어져 있는 여러 마리의 암컷과 새끼를 방어하기 위해 서로 협동하기도 하고 경쟁하기도 하는 더욱 복잡한 사회를 이루어 생활한다(Lewin, 1992).

영장류가 복잡한 사회적 환경에서 생활한다는 것은 영장류학자인 드발(de Waal)이 네덜란드의 아른험 동물원(Arnhem zoo)에서 관찰한 침팬지 사회의 특징을 서술한 『침팬지 폴리틱스(Chimpanzee politics)』(de Waal, 1982/2004)에서 생생하게 볼 수 있다. 침팬지 사회에는 서열 구조가 있어서 제1서열의 우두머리 침팬지가 먹이와 성적 활동에 대한 우선권을 가진다. 따라서 침팬지들은 제1서열이 되려고 끊임없이 경쟁한다. 드발의 관찰에 의하면, 제1서열을 노리는 서열 2, 3위의 침팬지는 우두머리가 홀로 있으며 조력자가 없고 힘이 약화된 상황에서 공격하였는데, 이때 혼자 공격하지 않고 자신의 조력자가 있는 상황에서 조력자와 연합하여 공격하였다. 또 다른 침팬지를 조력자로 만들기 위해 털 고르기나 자원 나누어 주기 등 상대방을 배려하는 행동을 함으로써 이들과 우정 관계를 형성하였다. 즉, 침팬지들은 자신의 목적을 달성하기 위해 다른 침팬지들을 이용하려고 상호작용을 하는 것이다. 드발은 침팬지의 이러한 행동 양식이 정치가들이 권력을 잡기 위해 다른 세력과 연합하고 서로 이득을 교환하는 행동 양식과 유사하다고 보았다. 침팬지들의 상호작용이 권모술수적인 점은 다른 동물학자들도 보고하고 있다(Byrne & Whiten, 1988; Lewin, 1992).

복잡한 사회적 환경에서 사는 영장류 중에서도 인류는 다른 동물에 비해 신체적으로 약하였기에 생존을 위해 다른 개체와 함께 무리지어 수렵, 어로, 채집 등의 활동을 하였으므로, 더욱 복잡한 사회적 환경에 적응해야 하는 과제에 직면하였을 것이다. 따라서 인류는 다른 성원의 행동을 이해하고 예측하고 조작하는 능력인 '사회적 지능'이 필요하게 되었을 것이다. 이러한 사회적 능력을 가지고 있었던 성원은 그렇지 않은 성원보다 살아남을 가능성이 더 높았을 것인데, 그 결과 현재의 인간은 사회적 지능인 마음읽기 능력을 생득적으로 가지게 되었던 것이다. 이러한 관점이 마음읽기 능력에 대한 진화심리학적 관점이다. 험프리(1984, p. 3)는 마음읽기 능력을 "인간은 타고난 심리학자이다(Human beings are born psychologists)."라고 표현하며, 우리가 진화하여 생득적으로 가지게 된 진화의 산물이라고 주장하였다.

이 장에서는 마음읽기 능력에 대한 진화심리학자들의 주장을 살펴

보았다. 진화심리학자들은 다른 개체의 행동에서 마음을 읽는 능력
이 군집생활을 하였던 인류의 조상에게 점차 중요해졌을 것으로 본
다. 이 과정에서 마음을 읽을 수 있었던 개체는 더 잘 생존할 수 있었
을 것이라 한다. 이러한 진화과정의 결과, 현재의 인간은 마음읽기 능
력을 생득적으로 가지게 되었다는 것이다. 이제 제3장에서 마음을 읽
는 능력에 대한 실증적 연구가 어떻게 시작되었는지, 또 어린 아기들
이 실제로 마음을 읽는 능력이 있는지를 연구 결과를 통해 알아보자.

03 _

마음읽기에 대한 심리학의 실증적 연구

이 장에서는 마음읽기 능력에 대한 실증적 연구에 대해 살펴볼 것이다. 먼저, 마음읽기 연구의 장을 연, 침팬지를 대상으로 한 프리맥과 우드러프의 연구를 살펴볼 것이다. 이어서 연령이 증가함에 따라 마음읽기 능력이 어떻게 변화하고 발달하는지 살펴보기 위해 생후 수개월 된 아기부터 학령기 이후까지의 아동과 청소년을 대상으로 한 많은 심리학적 연구를 볼 것이다. 이 연구는 아기들도 초보적인 마음읽기 능력이 있으며, 마음읽기 능력은 학령기 이후까지도 발달함을 보여 준다.

1. 마음읽기 연구의 기원

사람이 하는 행동을 보고 그 사람의 생각이나 의도 등 마음을 추론하고 이해하는 능력에 대한 연구의 장을 연 사람들은 프리맥과 우드러프(Premack & Woodruff, 1978)이다. 이들은 침팬지 사라(Sarah)를 대상으로 연구하였다. 사라는 프리맥 부부의 실험실에서 플라스틱 토큰을 활용한 단어학습 연구(예: 파란색 삼각형은 사과를 지칭하는 기호임을 학습하는 연구)에 오랫동안 참가하였던 침팬지였다. 사라는 실험실의 조련사들과 오랜 시간을 보냈기에, 특정 행동을 하는 사람의 마음을 읽을 수 있는지를 연구하는 데 사라가 적합하였다. 프리맥과 우드러프는 사람의 행동이 그 사람의 의도와 생각에 의해 결정된다는 사실을 침팬지가 이해하는지 알아보기 위해 연구하였다. 먼저, 사람이 어떤 위기 상황에 처해 있는 네 종류의 동영상을 보여 주었다. ① 문이 잠겨서 우리에 갇힌 주인공이 밖으로 나오려고 애쓰지만 나오지 못하고 있는 장면, ② 주인공이 추위에 떨면서 난롯불을 켜려고 하지만 불이 들어오지 않아서 난로 내부를 들여다보거나 발로 차는 등 다양한 행동을 하는 장면, ③ 주인공이 전기 코드가 콘센트에 꽂혀 있지 않은 오디오 기기를 틀려고 작동 버튼을 눌렀으나 기기가 작동하지 않아서 오디오 기기를 여기저기 살피고 있는 장면, 그리고 ④ 주인공이 호스의 중간이 잘린 진공청소기를 가지고 바닥에 떨어진 먼지를 빨아들이려고 하지만 먼지가 진공청소기에 빨려 들어가지 않는 장면이다.

　각 동영상을 보여 주고 난 후, 그 위기 상황을 해결할 수 있는 물건의 사진과 해결할 수 없는 물건 사진을 총 두 장 제시하여 선택하도록 하였다. 예를 들어, 문이 잠겨서 우리에 갇힌 사람이 밖으로 나오려고 애쓰지만 나오지 못하고 있는 장면을 보여 주고 난 후에는 [그림 3-1]과 같이 부러진 열쇠, 온전한 열쇠 그리고 열쇠 끝이 구부러져서 열쇠 구멍에 맞지 않는 열쇠 사진을 제시하였다. 사라는 부러지거나 구부러지지 않은 온전한 열쇠의 사진을 선택하였다. 또 난롯불이 켜지지 않는 상황에서는 불을 붙이지 않은 점화용 종이나 타 버린 점화용 종이가 아닌 불이 붙어 있는 점화용 종이 사진을 선택하였으며, 다른 두 상황에서도 각각 적절한 사진을 선택하였다. 즉, 오디오 기기를 켜려고 애쓰는 상황에서는 전기 코드가 콘센트에 제대로 꽂혀 있는 사진을 선택하였고, 진공청소기로 청소하려는 상황에서는 청소기 호스가

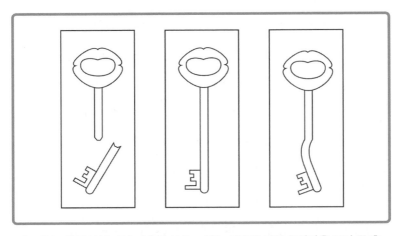

[그림 3-1] 문이 잠겨서 나오지 못하고 있는 사람에 대한 동영상을 보여 준 후
제시한 세 가지 선택지

온전한 사진을 선택하였다. 이러한 반응은 사라가 주인공의 의도, 즉 우리에서 나오려고 한다거나 난로를 켜려고 한다는 의도를 읽을 수 있다는 것을 보여 주는 것으로 해석할 수 있을 것이다.

하지만 다른 해석의 여지도 있다. 예를 들어, 문을 열고 나가려 한다는 주인공의 의도를 읽지 않았더라도 문을 열기 위해서는 온전한 열쇠가 필요하고, 난롯불을 켜려면 점화용 불씨가 필요하며, 오디오 기기를 켜려면 기기의 전기 코드를 콘센트에 꽂아야 한다는 사실만을 알고 있어도 적절한 사진을 선택할 수 있을 것이다. 즉, 일상생활 속에서 문을 열쇠로 여는 것을 여러 상황에서 목격하였기에 닫힌 문과 열쇠 간의 강한 연합이 형성되어 있을 것이므로, 사라가 주인공의 의도를 읽지 않았더라도 닫힌 문이 보이면 자동으로 온전한 열쇠를 선택하였을 가능성이 있을 것이다. 그러나 이러한 해석의 가능성은 동영상에 나온 인물이 사라와 사이가 좋았던 조련사였을 경우와 사이가 좋지 않았던 조련사였을 경우에 사라의 반응이 달랐기에 배제될 수 있었다. 사라는 동영상의 주인공이 자신이 좋아하는 조련사인 경우는 상황을 해결할 수 있는 사진을 선택하였으나, 자신과 사이가 좋지 않았던 조련사인 경우는 상황을 해결할 수 있는 사진을 선택하는 비율이 훨씬 낮았다. 이는 사라가 특정 상황과 강하게 연합된 문제해결책을 자동으로 선택한 것이 아님을 보여 줄 뿐만 아니라, 좋아하지 않는 조련사가 문제를 해결할 수 없도록 조작할 수도 있음을 시사한다.

사라의 반응을 토대로 프리맥과 우드러프(1978)는 사람이 의도나 바람, 생각과 같은 마음 상태를 가지고 있다는 것을 침팬지가 이해한다고 주장하였다. 또 자신과 타인이 마음 상태를 가지고 있다고 보는 것이 바로 '**마음이론**(theory of mind)'을 가지고 있는 것이라고 주장하였다. 즉, 사람은 의도나 바람, 생각과 같은 마음 상태를 가지고 있으며, 이 마음 상태가 행동을 유발한다는 마음에 대한 지식을 마음이론이라는 용어로 표현하였다. 또 마음에 대한 지식을 이론이라는 용어를 사용하여 표현한 것은 마음이 타인의 행동을 예측하고 설명하기 위해 사용되는 눈에 보이지 않는 이론적 구성개념이며, 마음에 대한 지식이 마치 이론과 같은 기능을 하는 것으로 보았기 때문이다.

프리맥과 우드러프의 침팬지 연구는 곧 발달심리학자들의 관심을 끌게 되었다. 그 이유는 침팬지가 사람의 행동을 마음과 관련지어 이해하는 것으로 미루어 보아, 침팬지보다 더 고등 동물인 인간의 어린 아동들도 마음에 대해 이해할 수 있지 않을까 하는 생각이 들었기 때문이다. 특히 제2장에서 기술하였듯이, 행동을 마음과 관련지어 이해하는 마음읽기 능력이 진화과정에서 진화된 능력이라고 본다면, 사회적 동물인 인간의 어린 아동도 마음읽기 능력을 가지고 있을 것으로 기대되었다. 또 마음읽기 능력이 없다면 다른 사람의 행동을 이해할 수 없어서 사회적 상호작용이 불가능할 것인데, 어린 아동들이 일찍부터 양육자와 정서적 유대 관계를 형성하고 다른 아동과 함께 놀이를 하는 등 상호작용하는 것으로 미루어 보아, 어린 아동도 행동을 마음과 관련지어 이해할 수 있는 초보적인 능력을 가지고 있을 것으로 생각되었다.

그러나 다른 한편으로는, 믿음, 바람과 같은 마음 상태는 사람의 내면에 존재하는, 겉으로 드러나지 않는 추상적인 개념이기에 피아제 이론(Piaget, 1929)과 같이 전통적인 인지발달적 관점에서 보면, 사람의 행동을 마음과 관련지어 이해하는 것이 어린 아동에게는 어려운 과제일 것으로 생각되었다. 따라서 "2, 3세 정도의 어린 아동이 사람의 행동을 추상적인 마음과 관련지어서 이해할 수 있는가?"라는 물음은 발달심리학자들의 큰 관심을 불러일으켰던 것이다.

프리맥과 우드러프의 연구가 촉발한 "어린 아동도 행동을 마음과 관련지어 이해할 수 있는가?"라는 물음은 이후 30여 년 동안 발달심리학자들의 주된 관심사가 되었다. 발달심리학자들은 아동이 언제부터 사람의 행동을 마음 상태에 근거하여 이해하는지, 또 사람의 마음 상태에 근거하여 그 사람이 어떤 행동을 할 것인지를 예측할 수 있는지, 마음 상태 중 어떤 마음 상태를 더 일찍 이해하게 되는지 등에 대해 수많은 연구를 수행하였다. 이러한 연구에서 어떤 결과가 나왔는지 다음 절에서 살펴보자.

2. 마음읽기 능력의 발달: 영아기부터 학령기 이후까지

1) 영아기

언어 능력이 있는 2세 정도 된 아동은 "~하고 싶어." "난 알아." "몰라."와 같이 마음 상태를 지칭하는 단어를 사용한다. 제1장에서 보았듯이, 3세 아동은 "(걔는 놀기) 싫어서 그냥 갔어."처럼 사람의 행동을 그 사람의 믿음이나 바람, 의도 등 마음 상태를 언급하여 설명하는 비율이 5세 이상의 아동에 비해 낮았지만, 행동을 마음 상태로 설명할 수는 있었다(김혜리, 2005). 이는 2, 3세 아동들이 마음이 행동을 유발한다는 것을 이해함을 보여 준다. 그러나 말로 자신의 마음 상태를 표현하기 훨씬 전부터 아기들은 타인과 상호작용하려는 경향성을 보이며 다른 사람의 행동이나 시선이 특정 목표를 지향하고 있음을 이해한다. 이에 대해 자세히 알아보자.

(1) 사회적 상호작용 경향성

아기가 다른 사람과 상호작용하기 위해서는 다른 자극에 비해 사람, 특히 주양육자인 엄마에 대한 선호를 보여야 할 것이다. 실제로 아기들은 다른 자극보다 양육자인 엄마에 대한 선호를 보이는데, 출생 후 수 시간 된 아기도 엄마의 목소리를 선호한다. 임신 3분기(6~9개월)의 태아도 태내에서 소리를 들을 수 있는데, 이 시기에 들었던 엄마의 목소리를 출생 후 12시간 된 아기들이 기억하고 선호한다는 것이 한 연구에서 밝혀졌다. 드캐스퍼와 파이퍼(DeCasper & Fifer, 1980)는 출생 후 12시간 된 아기들에게 젖꼭지를 빠는 속도를 측정할 수 있도록 특수하게 고안된 젖꼭지를 물려 주고 아무런 자극이 주어지지 않은 상황에서 빠는 속도, 즉 기저수준의 속도를 측정하였다. 기저수준을 측정한 후, 한 집단의 아기에게는 기저수준보다 더 빠르게 젖꼭지를 빨면 엄마의 목소리가 나오도록 하였고, 더 천천히 빨면 다른 여성의 목소리가 나오도록 하였다. 다른 집단의 아기에게는 더 빠르게 빨면 다른 여성의 목소리가, 천천히 빨면 엄마의 목소리가 나오도록 하였다. 아기들은 엄마의 목소리를 들을 수 있도록 각자 젖꼭지를 빠는 속도를 조절하여 집단에 따라 더 빠르게 또는 더 천천히 빨았다.

또 아기들은 다른 물리적 자극에 비해 얼굴 자극을 보는 것을 선호하여(Banks & Salapatek, 1983; Johnson & Morton, 1991; Nelson, 1987) 사람의 얼굴을 주의 깊게 관찰한다. 이는 아기가 목표와 의도와 같은 마음을 가지고 있는 살아 있는 존재인 사람과 그렇지 않은 무생물에 대해 달리 반응함을 시사한다. 실제로 생후 5주와 생후 8주 된 아기는 사람이 혀를 내밀거나 입을 벌리는 것을 볼 때 혀를 내미는 행동과 입을 벌리는 행동을 모방하였다. 그러나 마치 사람이 혀를 내밀듯이 파란색 원통 가운데에서 혀 모양 물건이 나오는 모습이나, 마치 사람이 입을 벌리듯이 원통의 가운데 부분이 열리는 모습을 보고는, 이를 모방하여 혀를 내밀거나 입을 벌리는 반응을 보이지 않았다(Legerstee, 1991).

주양육자와의 상호작용이 증가하면서 3개월 된 아기들은 자신이 짓는 표정과 몸짓, 목소리에 대해 주양육자가 유관적으로 반응할 때 좋아한다. 한 연구(Striano, Henning, & Stahl, 2005)에서, 3개월 된 아기와 엄마가 면대면으로 상호작용하는 장면을 3분간 녹화하고 나서, 일주일 후에 엄마에게 다음과 같이 조건별 세 가지 방식으로 아기와 상호작용하도록 지시하였다.

일상 조건에서는 평상시와 같이 상호작용하라고 지시하였다. 평상시에 엄마는 아기의 표정이나 몸짓, 목소리에 대해 적절하게 유관적으로 반응하므로 평상시와 같이 상호작용하라는 지시는 유관적 상호작용이 이루어지는 조건이 된다. 비유관 조건에서는 일주일 전에 녹화한 상호작용 장면의 소리를 헤드셋을 통해 들으면서 그 당시의 상호작용을 재현하라고 지시하였다. 따라서 이 조건에서는 아기의 현재 표정이나 몸짓과 무관하게 엄마가 반응하게 되는 것이다. 마지막으로, 모방 조건에서는 아기의 표정, 몸짓, 소리를 따라 하라고 지시하였다. 이 조건에서 엄마의 반응은 아동의 표정이나 몸짓을 동시에 따라 하는 것이므로 아기가 하는 표정이나 몸짓에 대해 유관적으로 반응하는 것은 아니다.

연구 결과, 3개월 된 아기는 엄마가 일상적인 방식으로 자신의 표정이나 몸짓에 대해 유관적으로 반응할 때 미소를 가장 많이 지었으며, 엄마가 자신을 모방하는 반응을 할 때는 엄마를 응시하는 시간이 더 길었다. 그러나 생후 1개월의 아기들은 유관성에 대한 민감성을 보이지 않았다. 이는 생후 3개월 된 아기들은 엄마의 반응이 자신의 표정이나 몸짓에 대해 유관적인지를 알아채고, 이를 즐긴다는 것을 보여 준다. 엄마의 유관적인 반응에 대해 아기가 미소로 반응함으로써 엄마의 반응을 더욱 자극하게 되고, 그 결과 아기와 엄마의 상호작용이 점차 더 증가하게 되는 것으로 보인다.

(2) 사람의 행동을 행위자 스스로 행한 것으로 이해하기

사람의 행동을 마음 상태와 관련하여 이해하기 위해서는 몇 가지

기본 능력이 필요하다. 하나는 스스로 움직일 수 없는 물리적 사물인 물체와 달리 사람은 스스로 움직일 수 있음을 알아야 하는 것이다. 물체는 스스로 움직일 수 없기 때문에 이를 움직이게 하기 위해서는 접촉 사건과 같은 외적인 힘이 필요하다. 그러나 사람은 외적인 힘 없이 스스로 움직일 수 있다.

한 연구에서 생후 7개월 된 아기도 물체와 사람의 움직임을 구별한다는 것이 밝혀졌다. 스펠케, 필립스와 우드워드(Spelke, Phillips, & Woodward, 1995)는 스크린의 왼쪽에 서 있던 물체 또는 사람이 오른쪽 방향으로 움직이며 스크린 뒤로 들어가고 나서 잠시 후에 스크린 오른쪽 끝에서 몸체 일부를 노출시키고 서 있었던 다른 물체나 사람이 스크린 밖으로 이동하는 장면([그림 3-2]의 습관화 사건)에 아기들을 습관화시켰다.[1] 습관화가 된 후에 두 종류의 검사 사건을 제시하였다. 스크린 왼쪽에 서 있던 물체나 사람이 오른쪽으로 움직이기 시작하자 스크린이 제거되어서 두 가지 사건이 나타났다. **접촉 검사 사건**은 왼쪽에 있던 물체나 사람이 오른쪽으로 이동하다 오른쪽에 서 있던 물체나 사람과 접촉하자 정지하는데, 곧바로 이어서 접촉된 오른쪽에 서 있던 물체나 사람이 움직이는 사건이었다. 이 사건은 왼쪽에 서 있던 물체나 사람이 오른쪽에 서 있던 물체나 사람에게 부딪혀서 오른쪽에 있던 물체나 사람을 움직이게 만든 것처럼 지각되는 사건이

---

1 '습관화시킨다는 것'은 아기에게 특정 자극을 제시하여 이에 대한 흥미가 감소할 때까지 보도록 한다는 의미이다. 아기들은 새로운 자극에 흥미를 보이는 특성이 있어서 새로운 자극이 제시되면 이를 응시하지만, 시간이 지나면서 흥미를 잃게 되어 그 자극에 대한 응시 시간이 감소한다.

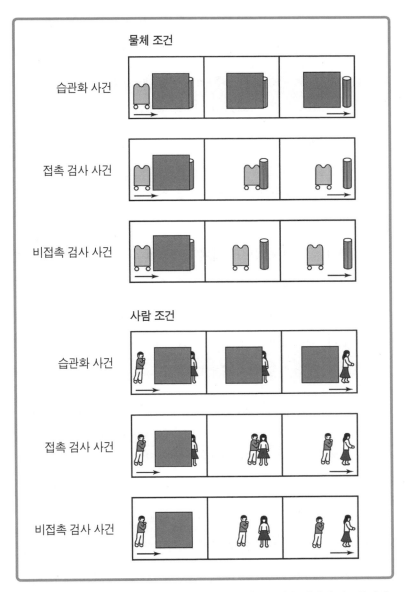

[그림 3-2] 스펠케 등(1995)의 물체와 사람의 움직임에 접촉 사건이 필요한지에 대한 아기의 이해를 알아보기 위해 사용한 사건

출처: Spelke, Phillips, & Woodward (1995).

었다. 비접촉 검사 사건은 왼쪽에 서 있던 물체나 사람이 오른쪽에 있
는 물체나 사람과 접촉하기 전에 정지하는데, 잠시 후(물체나 사람이
움직이는 데 걸리는 시간이 지난 후)에 오른쪽에 서 있던 물체나 사람이
움직이는 사건이었다. 이 사건에서는 오른쪽에 서 있었던 물체나 사
람이 움직인 것은 왼쪽에 있는 물체나 사람과 무관한 것으로 지각되
는 사건이었다.

생후 7개월 된 아기가 물체는 스스로 움직일 수 없지만 사람은 스
스로 움직일 수 있음을 안다면, 물체 조건의 습관화 사건은 왼쪽에 서
있던 물체가 오른쪽에 있던 물체에 접촉해서 그 힘으로 오른쪽 물체
를 움직이게 만든 것으로 지각할 것이다. 따라서 접촉 검사 사건은 기
대에 일치하는 사건인 데 반해, 비접촉 검사 사건은 기대에 위배되는
사건이 된다. 아기들은 기대에 위배되는 사건에 흥미를 보이는 특징
이 있으므로, 비접촉 검사 사건에 더 흥미를 보여서 더 오랜 시간 응
시할 것이다. 반면, 사람 조건에서는 습관화 사건을 오른쪽에 서 있던
사람이 스스로 움직인 것으로 지각할 수도 있고, 왼쪽에 있던 사람이
밀어서 움직인 것으로 지각할 수도 있을 것이다. 따라서 아기들이 비
접촉 검사 사건 또는 접촉 검사 사건에 대한 특별한 선호를 보이지 않
을 것이므로 두 사건에 대한 응시 시간에는 차이가 없을 것이다. 실제
로 생후 7개월 된 아기는 물체 조건에서는 접촉 검사 사건보다 비접
촉 검사 사건에 대해 더 흥미를 보였으며, 사람 조건에서는 특별한 선
호를 보이지 않았다. 이는 생후 7개월 된 아기가 물체와는 달리 사람
은 스스로 움직일 수 있는 존재임을 안다는 것을 보여 준다.

(3) 사람의 행동이 목표지향적인 것임을 이해하기

사람을 스스로 움직일 수 있는 생물체로 이해하는 것 외에 사람의 행동을 마음 상태와 관련하여 이해하기 위해 필요한 또 다른 기본 능력은 사람의 행동에는 목표가 있음을 알아야 하는 것이다. 우리가 행동을 하는 것은 어떤 목표를 가지고 있어서 이를 달성하기 위함이다. 아기는 언제부터 사람의 행동을 목표지향적인 것으로 지각할까?

몇몇 연구에 의하면, 아기는 생후 6개월 무렵에 사람의 행동이 특정 대상을 지향하는 것으로 지각한다. 우드워드(Woodward, 1998)는 생후 6개월 된 아기와 생후 9개월 된 아기들을 [그림 3-3]의 사람 손 조건 왼쪽에 제시된 것과 같이 사람이 손으로 공을 잡는 장면(사건 A) 또는 옆에 놓여 있는 곰인형을 잡는 장면(사건 B)에 습관화시켰다. 그러고 나서 두 가지 검사 장면을 제시하였는데, 검사 장면에서는 두 장난감의 위치를 바꾸었다. 따라서 습관화 장면에서 잡았던 장난감을 잡을 때는 손이 습관화 장면에서와는 다른 방향으로 움직이게 된다. 이에 반해, 새로운 장난감을 잡을 때는 손이 습관화 장면에서와 동일한 방향으로 움직이게 된다. 아기들에게 제시한 한 검사 장면에서는 손을 새로운 방향으로 움직여서 습관화 장면에서 잡았던 장난감을 잡았으며, 다른 검사 장면에서는 습관화 장면에서와 동일한 방향으로 손을 움직여서 새로운 장난감을 잡았다. 예를 들어, 습관화 장면이 사건 A였다면, 사건 C는 손이 움직인 방향은 동일하지만 새로운 장난감을 잡는 장면이며, 사건 D는 손이 움직인 방향은 새롭지만 친숙한 장난감을 잡는 장면이 된다.

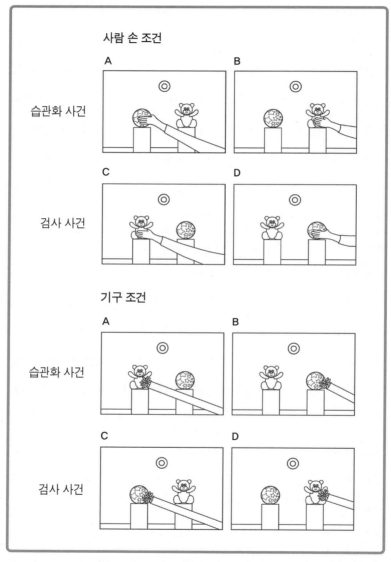

[그림 3-3] 우드워드(1998)의 연구에서 사람 손 조건과 기구 조건에서의 습관화
사건과 검사 사건 각 조건의 습관화 사건에서는 사건 A 또는 사건 B가 제시되었으
며, 검사 사건에서는 사건 C와 사건 D가 교대로 제시되었음.

출처: Woodward (1998).

만약 아기가 습관화 장면에서 보았던 사람 손의 움직임을 단순히 특정 방향으로 이동한 움직임으로 이해한다면, 손을 새로운 방향으로 움직여서 습관화 장면에서 잡았던 장난감을 잡는 검사 장면을 새로운 사건으로 지각하여 이 장면에 흥미를 보일 것이다. 습관화 장면에서 손이 움직였던 방향과 동일한 방향으로 손을 움직여서 새로운 장난감을 잡는 검사 장면에는 흥미를 보이지 않을 것이다. 이에 반해, 습관화 장면에서 보았던 사람 손의 움직임을 특정 목표 대상을 향한 목표지향적인 움직임으로 이해한다면, 습관화 장면에서 손을 움직였던 방향과 동일한 방향으로 손을 움직여서 새로운 장난감을 잡는 검사 장면에 더 흥미를 보일 것이다.

연구 결과, 생후 6개월 된 아기와 9개월 된 아기 모두 사람 손이 새로운 방향으로 움직여서 친숙한 장난감을 잡는 검사 사건보다 동일한 방향으로 움직여서 새로운 장난감을 잡는 검사 사건에 더 흥미를 보이고 더 오래 응시하였다. 우드워드는 사람 손이 장난감을 잡는 사건 외에, [그림 3-3]의 기구 조건에 제시된 장면과 같이 막대 끝에 사람 손 크기의 찍찍이가 달린 기구가 장난감에 접촉하여 붙어 있는 사건을 사람 손 조건에 참여하지 않은 다른 아기들에게 보여 주었다. 이 기구가 사용된 기구 조건의 아기들은 사람 손 조건의 아기들과는 달리, 두 검사 사건에 대한 특별한 선호를 보이지 않았다. 이는 생후 6개월 된 아기가 사람 손의 움직임은 기구의 움직임과는 달리 특정 목표를 향하고 있음을 안다는 것을 보여 준다. 즉, 생후 6개월 된 아기들도 장난감을 잡는 사람 손의 움직임을 특정 장난감을 향한 목표지향적인 행동으로 이해하는 것이다.

발달함에 따라 사람의 행동을 목표지향적으로 이해하는 능력은 더 정교해진다. 생후 14개월 된 아기는 행위자가 목표가 분명하게 드러나지 않는 이상한 행동을 했을 경우에도 상황 정보를 활용하여 행위자의 행동 목표를 파악한 후에 그 목표행동을 더 간단하게 합리적인 방식으로 모방할 수 있다. 이에 대한 증거는 거즐리, 베켈링과 키라이 (Gergely, Bekkering, & Király, 2002)의 연구에서 볼 수 있다. 이 연구에서는 생후 14개월 된 아기 앞에서 성인이 춥다고 중얼거리며 담요로 몸을 감싼 후에 [그림 3-4]의 A 또는 B와 같이 몸을 앞으로 숙이면서 머리로 전등을 켜는 이상한 행동을 하였다. 그리고 나서 아기에게 전등을 주어 아기 스스로 켜 보도록 하였다. 성인이 머리로 전등을 켜는 이상한 행동을 한 이유는 상황에 제시되어 있는데, A 조건에서는 성

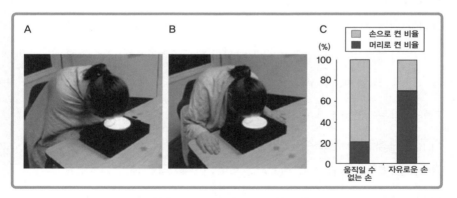

[그림 3-4] 거즐리 등(2002)의 연구 조건과 결과 A는 움직일 수 없는 손 조건, B는 자유로운 손 조건임, C는 움직일 수 없는 손 조건과 자유로운 손 조건 각각에서 아기가 손으로 전등을 켠 비율(회색 부분)과 머리로 전등을 켠 비율(검은색 부분)임.

출처: Gergely, Bekkering, & Kiràly (2002).

인이 담요를 몸 전체에 덮고 있어서 손을 자유롭게 움직일 수 없었지만, B 조건에서는 담요를 덮고 있었으나 손이 담요 밖으로 나와 있어서 자유롭게 사용할 수 있었다. 따라서 손을 움직일 수 없는 A 조건에서 머리로 전등을 켜는 것은 손을 움직일 수 없어 손 대신 머리로 전등을 켰다고 해석할 수 있을 것이다. 반면, 손이 자유로운 B 조건에서 머리로 전등을 켰다는 것은 행동의 목표가 손이 아닌 머리로 전등을 켜는 것임을 암시한다.

[그림 3-4]의 C에 14개월 된 아기들의 반응이 제시되어 있다. 아기들이 머리로 전등을 켠 비율은 손을 움직일 수 없는 조건에서는 21%였으나, 손이 자유로운 조건에서는 69%였다. 즉, 손을 움직일 수 없는 성인이 머리로 전등을 켜는 것은 손을 움직일 수 없어서 머리로 전등을 켰다고 해석하지만, 손이 자유로운 성인이 머리로 전등을 켰을 때는 성인의 목표행동이 손이 아닌 머리로 전등을 켜는 것이라고 해석한 것이다. 이처럼 14개월 된 아기들이 상황 정보를 활용하여 행위자가 한 행동의 목표를 파악하는 것으로 미루어 보아, 14개월 된 아기들이 행동에는 지향하는 목표가 있음을 이해하는 것으로 볼 수 있다.

생후 14개월 정도에 행동을 목표지향적인 것으로 이해하게 되면서, 아기들은 행위자의 행동을 모방할 때도 행위자가 의도했던 행동은 모방하지만 우연히 했던 행동은 모방하지 않는다. 카펜터, 악타르, 토마셀로(Carpenter, Akhtar, & Tomasello, 1998)는 14~18개월 된 아기가 행위자의 행동이 의도적이었는지 우연적이었는지를 구분하여 모방할 수 있다는 것을 보여 주었다. 카펜터 등은 특정 방식으로 조작하면 흥미로운 결과가 나타나는 장치를 만들어서 사용했는데, 그 한 예를 [그림 3-5]에 제시하였다. 이 장치의 아래쪽에 있는 바퀴를 돌리거나 또는 바로 위에 있는 손잡이를 당기면, 위쪽에 있는 작은 상자에서 작은 공이 나온다(실제로는, 이 장치의 뒤쪽에 숨어 있는 사람이 작은 공을 작은 상자에 넣음으로써 마치 작은 공이 나오는 것처럼 보이도록 함). 연구자는 아기에게 이 장치의 사용법을 보여 주는데, 한 번은 의도적으로 행동한 것으로 보이게 "자, 이렇게."라고 말하면서 아래쪽의 바퀴를 돌렸으며, 다른 한 번은 우연히 행동한 것처럼 보이도록 "어머나!"라고 말하면서 손잡이를 당겼다. 이러한 행동의 결과는 두 경우 모두 동일하게 위쪽에 있는 작은 상자에서 작은 공이 나오는 것이었다.

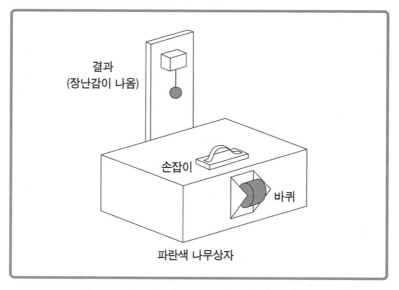

[그림 3-5] 카펜터 등(1998)의 연구에서 사용된 장치의 한 예

출처: Carpenter (1998).

연구자가 장치 사용법을 보여 준 후 아기에게 장치를 주면서 "이제
는 네 차례야. 한번 해 볼래?"라고 하면서 아기가 직접 조작해 보도록
하였다. 아기들은 연구자의 행동이 우연적인 것으로 보였을 때("어머
나!"라고 말한 경우)보다 의도적인 것으로 보였을 때("자, 이렇게."라고
말한 경우) 그 행동을 더 많이 따라 하였다. 이는 연구자가 했던 두 가
지 행동의 결과가 동일하더라도 그것이 우연적인 것이었는지, 아니면
의도한 것이었는지를 생후 14~18개월 된 아기가 잘 구분함을 보여
준다. 또 자신이 그 장치를 작동시키려면 행위자가 의도적으로 했던
행동을 따라 해야 한다는 사실도 이해한다는 것을 보여 준다.

생후 18개월 된 아기는 행위자가 의도적으로 했던 행동을 따라 할

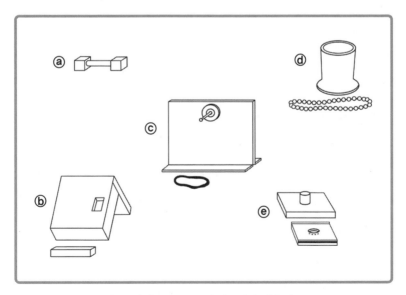

[그림 3-6] 멜조프(1995)의 연구에서 사용된 도구

출처: Meltzoff (1995).

뿐만 아니라, 행위자가 특정 행동을 하려고 시도했으나 실패했을 경우에도 행위자가 목표했던 행동이 무엇인지 파악하여 이를 실행할 수도 있다. 멜조프(Meltzoff, 1995)는 행위자가 시도했으나 성공하지 못한 행동을 18개월 된 아기들이 실행할 수 있는지 알아보기 위해 [그림 3-6]에 제시된 도구를 사용하였다. 도구 ⓐ는 한쪽 끝을 당겨서 분리할 수 있는 아령이며, ⓑ는 사각형 박스의 위쪽 패인 곳에 있는 단추를 막대로 누르면 소리가 나는 도구이며, ⓒ는 사각형 플라스틱 판에 붙어 있는 고리에 나일론 루프를 걸 수 있는 도구이다. ⓓ는 목걸이를 넣을 수 있는 용기이며, ⓔ는 가운데가 뚫려 있는 판을 원기둥이 붙어 있는 판에 끼워서 맞춰야 하는 도구이다.

　멜조프는 한 집단의 아기들에게는 도구를 어떻게 사용하는 것인지 실제로 실연하면서 보여 준 후, 도구를 주면서 "이번에는 네 차례이니 해 봐."라고 말하여 아기들의 행동을 유도하였다. 다른 집단의 아기들에게는 성인이 도구 사용 방법을 보여 주려고 실연하지만 성공하지 못한 채로(연구자가 일부러 실패하는 것임) 아기에게 도구를 주어서 사용하도록 유도하였다. 이 경우 아기들은 성인이 도구를 정확하게 사용하는 것을 볼 수 없었다. 그럼에도 불구하고 이 아기들은 성인이 도구를 사용하는 것을 보았던 아기들과 같이 도구를 정확하게 사용할 수 있었다. 이 아기들이 자신이 본 성인의 행동을 그대로 따라 하지 않고 성인이 하려고 했던 행동을 따라 한 것은, 성인이 하려고 목표했던 일이 어떤 것이었는지를 파악했음을 보여 준다.

(4) 시선 감시, 시선 추적 및 공동 주의

사람의 시선은 그 사람이 현재 무엇을 보고 있는지, 무엇에 관심을 두고 있는지, 어떤 대상을 지향하고 있는지를 알려 주는 중요한 단서이다. 따라서 우리는 상대방이 무엇에 관심이 있는지 등 상대방의 마음을 읽기 위해 상대방의 시선이 어디를 향하고 있는지 시선을 감시(gaze monitoring)한다. 상대방의 시선이 무엇을 향하고 있는지 확인하기 위해 시선을 따라가는 시선 추적(gaze following)도 일상적으로 한다. 또 상대방의 시선을 추적하여 상대방이 보고 있는 대상이나 사건을 확인하면 자신도 상대방이 보고 있는 것을 함께 보는데, 이를 공동 주의(joint attention)라고 한다.

'사람의 시선이 특정 대상을 향하고 있는 것은 그 사람이 특정 대상에 관심이 있는 것임을 어린 아기도 아는가?' '아기도 사람의 시선을 내적 마음에 대한 단서로 사용할 수 있는가?' 이에 대한 답을 찾으려면 먼저 아기들이 다른 사람의 시선을 추적하는지를 알아보아야 한다.

스케이프와 부루너(Scaife & Bruner, 1975)는 아기가 시선 추적을 하는지 알아보기 위해, 생후 2~14개월 된 아기를 대상으로 성인이 아기와 눈 맞춤을 한 후 얼굴을 90도 각도로 돌려서 벽의 한 지점을 7초간 보고 있을 때의 아기 반응을 조사하였다. 이들은 7초 이내에 아기가 성인과 동일한 방향으로 바라보고, 무엇인가를 바라보는 것처럼 보이며, 성인보다 먼저 시선을 다른 곳으로 돌리지 않으면 시선 추적을 하는 것으로 정의하였다. 연구 결과, 생후 2~7개월 된 아기는 약 34% 정도만이 시선 추적을 하였으나, 그 이후 점차 증가하여 생후

8~10개월 아기는 67% 정도가 시선 추적을 하였으며, 생후 11~14개월 아기는 100%가 시선 추적을 하였다. 이는 생후 8~10개월 무렵부터 아기들이 사람의 시선을 추적함을 보여 준다. 이러한 아기의 반응은 성인이 보고 있는 대상이 무엇인지를 파악하기 위한 행동으로 해석될 수 있지만, 단순히 성인의 머리 방향에 반응한 것으로 해석될 수도 있다.

이후 연구에서 생후 10개월 된 아기가 얼굴을 다른 방향으로 돌린 성인의 시선을 추적하는 것은 단순히 성인의 머리 방향에 반응하는 것이 아니라는 사실이 밝혀졌다. 브룩스와 멜조프(Brooks & Meltzoff, 2005)의 연구에서 성인이 아기와 눈 맞춤을 한 후에 다른 방향으로 얼굴을 돌렸는데, 한 조건에서는 성인이 얼굴을 돌릴 때 눈을 뜨고 있었으며, 다른 한 조건에서는 눈을 감고 있었다. 생후 10개월 된 아기는 성인이 눈을 감았을 때보다 눈을 뜨고 있을 때 시선 추적을 더 오래, 또 더 자주 했으나, 생후 9개월 된 아기는 성인이 눈을 떴을 때와 감았을 때 비슷한 정도로 시선 추적을 하였다. 이는 생후 10개월이 되어야 아기들이 사람이 눈을 뜨고 특정 대상에 시선을 주어야 그 대상을 보고 있는 것으로 파악함을 보여 준다. 즉, 상대방이 무엇을 보고 있는지 확인하기 위한 시선 추적은 생후 10개월이 되어야 하는 것이다.

(5) 사람의 시선이 관심 대상을 가리킴을 이해하기

생후 10개월 된 아기는 눈을 감고 있는 사람의 시선보다 눈을 뜨고 있는 사람의 시선을 더 많이 추적하는 것으로 밝혀졌는데, 이 아기들

은 상대방이 무엇을 보고 있는지 확인하기 위해 시선을 추적하는 것
으로 볼 수 있다. 그렇다면 이 아기들은 상대방이 특정 대상에 관심이
있어서 그 대상을 보고 있다는 것을 이해하여 상대방의 시선을 추적
하는 것일까? 즉, 상대방의 시선을 마음과 관련하여 이해하는가? 이
에 대한 답은 우드워드(Woodward, 2003)의 연구에서 찾을 수 있다.

우드워드(2003)는 사람의 손 움직임을 특정 대상을 집으려는 목표
지향적인 움직임으로 이해하는지를 연구하기 위해 사용했던 사건([그
림 3-3] 참조)과 유사한 사건을 사용하여 생후 7개월, 9개월 및 12개월
된 아기를 대상으로 연구하였다. [그림 3-7]과 같이 두 개의 장난감이

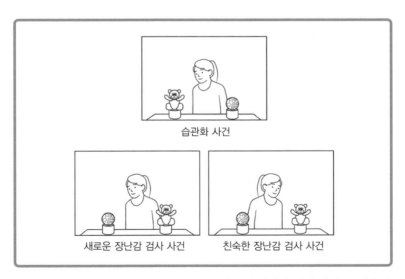

[그림 3-7] 우드워드(2003) 연구에서 사용된 습관화 사건과 검사 사건 습관화 사
건은 곰인형을 응시하는 사건이며, 새로운 장난감 검사 사건은 새로운 장난감인 공
을 응시하는 사건이며, 친숙한 장난감 검사 사건은 친숙한 장난감인 곰인형을 응시
하는 사건임.

출처: Woodward (2003).

무대의 좌우에 놓여 있으며, 그 뒤에 성인이 앉아 있다. 성인이 먼저 아기와 눈 맞춤을 한 후에 "이것 봐라."라고 말하며 얼굴을 돌려서 두 개의 장난감 중 한 개를 계속 응시하여 아기를 이 장면에 습관화시켰다. 습관화시킨 후에 장난감의 위치를 바꾸고 두 가지 검사 장면을 제시하였다. 새로운 장난감 검사 장면은 성인의 시선이 습관화 시행에서와 동일한 방향을 향하고 있지만 응시하고 있는 것은 새로운 장난감이며, 친숙한 장난감 검사 장면은 시선이 새로운 방향을 향하고 있으나 응시하고 있는 것은 친숙한 장난감이었다.

검사 시행에서 생후 7개월 된 아기와 생후 9개월 된 아기는 성인이 응시하고 있는 장난감이 새로운 것(새로운 장난감 검사 사건)이든 친숙한 것(친숙한 장난감 검사 사건)이든 성인의 시선이 향하고 있는 대상을 비슷한 정도로 응시하였다. 이는 생후 7개월과 9개월 된 아기는 성인이 특정 장난감을 응시하는 습관화 장면을 보고 성인이 특정 장난감에 주의하고 있는 것으로 이해했다기보다는 단순히 성인의 눈길을 따라갔음을 보여 준다. 이에 반해, 생후 12개월 된 아기는 검사 장면에서 성인이 친숙한 장난감을 응시하고 있는 경우([그림 3-7]의 친숙한 장난감 검사 사건)에 비해, 새로운 장난감을 응시하고 있는 경우(새로운 장난감 검사 사건)에 그 대상을 더 오래 응시하였다. 이는 생후 12개월 된 아기는 성인이 [그림 3-7]과 같이, 곰인형을 응시하고 있는 습관화 장면에서 성인과 곰인형 간의 관계를 파악하여, 성인이 곰인형에 주의하고 있거나 관심이 있는 것으로 이해하였음을 보여 준다. 아기가 습관화 장면에서 성인이 곰인형에 주의하고 있음을 파악하였으므로,

검사 시행에서 성인이 친숙한 곰인형을 응시하는 장면보다는 새로운 공을 응시하는 장면이 더 흥미로운 사건이 된 것이다.

시선은 그 사람이 관심을 가지거나 주의하고 있는 대상을 향한다는 것을 생후 12개월 된 아기가 이해한다는 사실은 이들의 시선 추적 행동에서도 나타난다. 몰과 토마셀로(Moll & Tomasello, 2004)는 12개월과 18개월 된 아기를 대상으로 [그림 3-8]의 A와 같이 성인이 "오!"라고 감탄사를 말하면서 아기의 시야를 가리고 있는 장애물 뒤에 있는 무엇인가를 보고 있을 때 아기들이 성인의 시선을 따라서 장애물 뒤쪽으로 기어가는지를 연구하였다. 장애물로는 칸막이, 상자, 나무판, 시야를 가리는 열린 서랍 등을 다양하게 사용하였다. 통제 조건에서는 [그림 3-8]의 B와 같이 성인이 "오!"라고 감탄사를 말하면서 아기의 시야에도 잘 보이는 벽에 걸려 있는 별 모양 자극을 응시하였다.

생후 18개월 된 아기는 물론, 생후 12개월 된 아기도 성인이 보고

[그림 3-8] 몰과 토마셀로(2004) 연구에서의 실험 상황 A는 성인이 응시하고 있는 물건이 장애물 뒤쪽에 있어서 아기에게 보이지 않는 상황이며, B는 성인이 응시하고 있는 물건이 장애물 앞쪽에 있어서 아기에게도 보이는 상황임.

출처: Moll & Tomasello (2004).

있는 대상이 장애물에 의해 가려져 있어서 자신에게 보이지 않을 때 장애물 뒤쪽으로 기어가는 반응을 보였다. 그러나 성인이 보고 있는 별 모양의 자극이 자신의 눈에 보이는 통제 조건에서는 장애물 뒤쪽으로 가는 반응 대신 성인의 시선을 따라 눈앞에 보이는 별 모양 자극을 응시하였다. 이는 생후 12개월이 되면, 상대방이 보고 있는 대상이 자신에게 보이지 않더라도 상대방의 시선 방향에 무엇이 있는지를 보기 위해 적극적으로 자리를 이동하여, 성인이 보고 있는 대상을 자신도 보려고 한다는 것을 보여 준다. 이러한 반응으로 볼 때 생후 12개월 된 아기는 사람이 특정 대상에 관심이 있어서 그 대상을 응시하는 것임을 이해하는 것으로 보인다. 즉, 시선이 그 사람의 마음과 관련됨을 이해한다고 해석할 수 있다.

앞서 본 것처럼 생후 12개월 된 아기는 상대방이 어떤 대상에 관심이 있는지를 파악하기 위해 상대방의 시선에 주의할 뿐만 아니라, 상대방이 하는 행동의 의미를 파악하기 위해서도 상대방의 시선을 살핀다. 필립스, 바론코헨과 루터(Phillips, Baron-Cohen, & Rutter, 1992)는 생후 9~18개월 된 아기가 상대방의 의도가 분명할 때보다 의도가 모호한 상황에서 상대방의 시선을 더 많이 살핀다는 것을 보여 주었다. 이들은 아기가 손동작을 하고 있을 때, 성인이 손바닥으로 아기의 손을 가려 그 의도를 알 수 없는 모호한 행동을 하거나 또는 아기에게 물건을 주는 것과 같이 그 의도가 분명한 행동을 하였다. 모호한 행동을 한 경우에는 100%의 아기가 성인의 눈을 쳐다보았으나, 의도가 분명한 행동의 경우에는 39%만이 성인의 눈을 보았다. 이 결과, 역시 상대방의 의도 등 그 마음을 파악하기 위해 시선을 추적하는 능력은 생후 9~18개월 정도부터 나타난다는 것을 보여 준다.

시선 추적에 관한 여러 연구 결과로 미루어 보면, 생후 7~8개월부터 아기들은 다른 사람의 시선을 추적하는 반응을 보이지만, 초기에는 단순히 시선을 따라가는 반응에 불과하다. 생후 10개월이 되면, 아기는 상대방이 무엇을 보고 있는지를 알아보기 위해 상대방의 시선을 추적한다. 그 이후 생후 12개월 정도에 상대방이 특정 대상을 보는 것은 그 대상에 주의하고 있거나 관심을 가지고 있는 것으로 이해하게 되면서 자신도 상대방이 보고 있는 것을 응시하게 된다. 이렇게 하여 양육자와 아기는 공동으로 특정 대상에 주의하게 되는데, 이것이 바로 '공동 주의'이다.

(6) 원시서술 가리키기로 공동 주의 끌어내기

생후 12개월 된 아기는 상대방의 시선을 추적하여 그가 보고 있는 대상을 확인하면, 자신도 그 대상을 응시하여 공동 주의를 한다. 이 무렵 아기들은 자신이 보고 있는 것을 상대방이 보게 하려고 손가락으로 가리키는 동작도 한다. 이 동작은 [그림 3-9]의 상황과 같이 '저것 좀 봐.'라는 의미를 전달하는 것으로 자신이 보고 있는 대상을 상대방에게 보라고 권하는 기능을 하는 것인데, 아기가 이런 동작을 하면 상대방도 아기가 보고 있는 것을 따라 보게 된다. 이러한 동작을 '원시서술 가리키기(protodeclarative pointing)'라고 한다. 무엇을 달라고 요구할 때 그 대상을 손가락으로 가리키는 '원시명령 가리키기

[그림 3-9] 원시서술 가리키기

(protoimperative pointing)'와는 달리, 원시서술 가리키기는 상대방에게 자신의 관심 대상에 주목하게 함으로써 상대방의 마음에 영향을 미치는 것이다. 생후 12개월 정도 된 아기가 이러한 동작을 한다는 것은, 아기가 사람은 어떤 것에 대해 관심을 가지거나 주목할 수 있는 개체임을 인식한다는 것을 보여 주는 것이다.

원시서술 가리키기 동작을 하는 아기는 다른 사람의 원시서술 가리키기 동작에 대해 어떻게 반응할까? 아기가 상대방이 가리키고 있는 대상을 따라 보기 위해서는, 상대방이 관심 가지고 있는 대상이 있으며, 그 대상에 자신을 주목하게 하려는 의도에서 가리키기 동작을 한 것임을 알아야 한다. 가리키기를 하는 사람의 이러한 의도를 과연 생후 12개월 된 어린 아기들이 알 것인가? 이 물음에 대해서는 우드워드와 구와야도(Woodward & Guajardo, 2002)가 습관화 절차를 사용하여 다루었다. 이들의 연구에 의하면, 다른 사람이 특정 대상을 가리키는 원시서술 가리키기 동작을 했을 때, 생후 12개월 된 아기가 그 사람이 가리킨 곳을 따라 보는 반응을 할 뿐만 아니라, 상대방이 자신에게 주목하게 하려고 했던 대상이 어떤 것이었는지에 대해서도 인식한다.

우드워드와 구와야도(Woodward & Guajardo, 2002)가 사용한 무대장치를 [그림 3-10]에 제시하였다. 무대의 좌측과 우측에 곰인형과 공이 각각 놓인 상황에서 두 가지 방식으로 가리키기 동작을 제시하였다. 가리키기 조건에서는 신체 부위 중 손가락만 노출시켰는데([그림 3-10]의 위쪽 사건), 손가락으로 두 개의 물건 중 한 개를 가리키는 사건을 생후 9개월 된 아기와 생후 12개월 된 아기에게 습관화시켰다. 습관화시킨 후에 장난감의 위치를 바꾸고 두 가지 검사 장면을 제시하였다. **새로운 방향** 검사 사건은 손가락이 습관화 사건에서의 방향과는 반대되는 방향으로 친숙한 대상을 가리키는 사건이었으며, **새로운 대상** 검사 사건은 손가락이 습관화 사건과 동일한 방향으로 새로운 대상을 가리키는 사건이었다. 가리키기 + 상체 조건은 사람의 손과 상체가 모두 노출된 상태에서 가리키기 동작을 했다는 것 외에는 가리키기 조건과 동일하였다.

아기가 습관화 장면을 성인이 자신에게 특정 대상에 주목하라는 의도로 가리키기를 한 것으로 이해했다고 가정해 보자. 새로운 방향 검사 사건에서는 가리킨 대상이 바뀌지 않았기에 새로운 사건으로 인식되지 않을 것이다. 따라서 아기는 흥미를 보이지 않을 것이다. 그러나 **새로운 대상** 검사 사건에서는 대상이 바뀌었으므로 흥미를 보일 것이다. 즉, **새로운 방향** 검사 사건보다 **새로운 대상** 검사 사건에서 성인

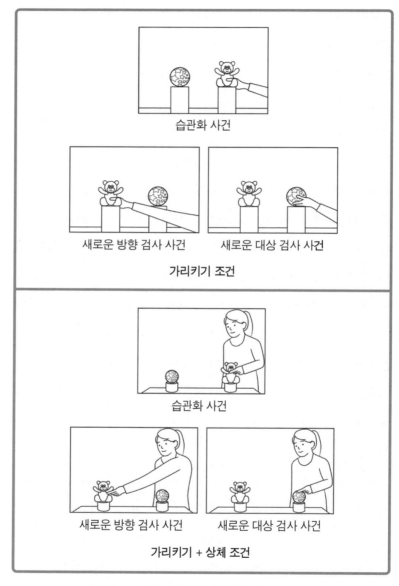

[그림 3-10] 우드워드와 구와야도(2002) 연구의
두 조건에서의 습관화 사건과 검사 사건

출처: Woodward & Guajardo (2002).

이 가리킨 대상을 더 오래 응시할 것이다. 이에 반해, 성인이 자신에게 특정 대상에 주목하라는 의도로 가리키기 동작을 한 것임을 아기가 이해하지 못한다면, 두 사건을 구별하여 다르게 반응하지 않을 것이다.

연구 결과, 생후 9개월 된 아기는 성인의 가리키기 동작에 따라 지적된 대상을 응시하는 반응을 보이기는 하였다. 그러나 그 대상이 새로운 방향의 친숙한 대상이든 친숙한 방향의 새로운 대상이든 응시 시간은 차이가 나지 않았다. 이에 반해, 생후 12개월 된 아기는 **새로운 방향** 검사 사건보다 **새로운 대상** 검사 사건에서 성인이 가리킨 대상을 더 오래 응시하였다. **새로운 방향** 검사 사건보다 **새로운 대상** 검사 사건을 더 오래 응시하는 반응은 가리키기 조건과 가리키기와 상체를 더한 조건에서 모두 나타났다. 이는 원시서술 가리키기 동작은 자신이 관심 가지고 있는 대상에 상대방도 주목하도록 하기 위해 하는 행동임을, 생후 12개월이 되어서야 아기가 이해하게 된다는 사실을 보여 준다. 또 가리키기 동작은 아기의 공동 주의를 유발하는 데 강력하게 작용하여 얼굴이나 상체의 방향과 같은 추가 단서가 필요하지 않다는 사실을 보여 준다.

(7) 사회적 참조

아기가 상대방의 시선을 추적할 뿐만 아니라, 시선이 상대방이 주의하고 있는 사건이나 사물을 가리킨다는 것을 알게 되는 시기는 생후 12개월이다. 이때가 되면 아기는 상대방의 시선이나 표정을 보고 자신의 행동을 조절할 수 있다. 상대방의 시선이나, 표정, 행동을 보고 자신의 행동을 조절하는 것을 '사회적 참조(social referencing)'라고 한다. 쏘스, 엠드, 캄포스와 클리넛(Sorce, Emde, Campos, & Klinert, 1985)은 [그림 3-11]과 같은 시각벼랑 장치를 사용하여 생후 12개월 된 아기의 사회적 참조를 보여 주었다. 쏘스 등은 아기들을 시각벼랑의 얕은 쪽에 놓았다. 그리고 나서 반대편의 깊은 쪽 방향에 있는 엄마가 웃는 얼굴을 하거나 두려워하는 얼굴을 하도록 하였다. 엄마가 웃는 얼굴을 하였을 때 19명의 아기 중 14명이 엄마가 있는 방향으로 벼랑을 건너갔지만, 엄마가 두려워하는 얼굴을 했을 때는 아무도 벼랑을 건너가지 않았다. 이러한 아기의 행동은 아기가 엄마의 표정을 참조하여 자신의 행동을 조절한다는 것을 보여 준다. 하지만 시각벼랑에 대한 엄마의 정서가 아기에게 전염된 결과로 아기 자신이 시각벼랑에 대해 동일한 정서를 가지게 되어서 나타난 행동으로 볼 수도

[그림 3-11] 시각벼랑 장치

있다(Baldwin & Moses, 1994).

그러나 정서전염으로는 설명할 수 없는 사회적 참조행동의 증거
도 보고되었다. 레파콜리(Repacholi, 1998)는 생후 14개월과 생후 18개
월 된 아기에게 두 개의 상자를 주었다. 실험자가 한 상자를 열어 보
고 기쁜 표정을 지은 후에, 다른 상자는 열어 보고 역겨운 표정을 지
은 후, 뚜껑을 닫고 두 상자를 아기에게 주었다. 생후 14개월과 생후
18개월 된 아기는 두 개의 상자를 모두 받았으나, 실험자가 뚜껑을 열
어 보고 역겨운 표정을 지었던 상자는 열려고 하지 않았다. 여기서 아
기들은 상자 속의 내용물을 볼 수 없었으며, 실험자는 아기와 정서적
으로 친밀한 관계도 아니었으므로, 내용물에 대한 실험자의 정서가
아기에게 전염된 것으로는 볼 수 없을 것이다. 따라서 이 결과는 생후
14개월 된 아기들이 상대방의 표정을 보고 자신의 행동을 조절할 수
있다는 것을 분명하게 보여 준다고 할 수 있다.

지금까지 생후 1년 전후의 어린 아기가 보이는 마음읽기 능력에 관
한 연구를 보았는데, 아기들은 생후 1년 동안 다른 사람과의 상호작
용에 필요한 초보적인 마음읽기 능력을 보인다. 생후 3개월에는 자신
이 짓는 표정과 몸짓, 목소리에 대해 주양육자가 유관적으로 반응하
는 것을 즐거워한다. 생후 7개월이 되면 물리적 사물은 스스로 움직
일 수 없지만, 사람은 스스로 움직일 수 있음을 알게 되면서 사람의
행동을 목표지향적인 것으로 이해하게 된다. 목표지향적 행동에 대
한 이해는 점차 더 정교해져서, 14개월 무렵에는 행위자의 행동을 모

방할 때도 행위자가 의도했던 행동은 모방하지만, 우연히 했던 행동은 모방하지 않는다. 이후 18개월이 되면 행위자가 특정 행동을 하려고 시도했으나 실패하여 목표행동이 수행되는 것을 보지 못했을 경우에도 행위자가 목표했던 행동을 파악하여 이를 실행할 수 있다.

아기들은 생후 10개월 무렵부터 다른 사람의 시선에 대해서도 민감하게 반응한다. 생후 12개월 정도에는 시선이 그 사람의 관심과 주의 대상을 향하고 있다는 것을 알게 되며, 자신도 상대방과 같은 대상을 보려고 한다. 이 무렵에 아기들은 상대방의 가리키기 동작을 특정 대상에 주목하라는 뜻을 나타내는 것으로 파악한다. 아기는 상대방이 가리킨 대상을 응시하며, 또 자신의 관심 대상을 상대방이 보도록 하기 위해서 자신도 가리키기 동작을 한다. 이 시기부터 아기들의 상호작용은 더욱 향상되어서 상대방의 시선이나 표정을 보고, 자신의 행동을 조절하는 사회적 참조행동도 증가한다.

언어 능력이 발달하기 시작하는 생후 18개월부터는 마음읽기 능력이 새로운 진전을 보인다. 다음 절에서는 생후 1년 반 정도의 어린 아동부터 약 5세까지의 학령전기 아동의 마음읽기 능력에 대해 살펴볼 것이다.

2) 유아기 및 학령전기

아동의 마음읽기 능력을 연구하기 위해서는 다양한 방법이 사용된다. 언어 능력이 발달하기 이전의 1세 전후의 아기들을 연구할 때는, 앞 절에서 보았듯이 기대에 어긋나는 장면에 대한 응시, 가리키기 동작이나 모방행동 등으로 연구한다. 언어 능력이 발달하면 언어과제를 사용할 수 있다. 생후 1년이 지나면 아기는 말을 하기 시작하며, 이후 수년간 언어 능력이 빠르게 발달한다. 2, 3세 아동은 "~하고 싶어." "몰라." "안 해." 등 자신의 마음을 말로 표현하는데, 이러한 표현을 통해 아동이 마음에 대해 이해하는 정도를 파악할 수 있다. 언어 능력은 그 이후로도 계속 발달하므로, 만 3세 이후의 학령전기 아동에게는 마음읽기가 요구되는 다양한 과제를 사용하여 언어로 질문하고, 이에 대한 아동의 답에서 아동이 마음을 읽고 이해하는 정도를 이전보다 더 구체적으로 알아낼 수 있다.

만 2세가 되지 않은 어린 아동의 언어 능력은 여전히 제한적이므로 언어과제를 사용하여 2세가 되지 않은 어린 아동의 마음읽기 능력을 정확하게 알아내기는 어렵다. 2세 이전의 어린 아동을 대상으로는 1세 미만의 아기를 대상으로 사용하였던 습관화 절차를 토대로 한 기대위반 패러다임을 사용하거나 언어 능력이 덜 요구되는 과제를 사용하여 연구할 수 있다.

이 절에서는, 말을 하기 시작했으나 2세가 되지 않은 어린 아동부터 5세 정도까지의 학령전기 아동을 대상으로 수행된 마음읽기 능력에 관한 연구 결과를 살펴봄으로써, 아동이 언제부터 **가장하는, 바라는, 지각하는, 아는, 생각하는(믿고 있는)** 등의 마음 상태를 이해하고 읽을 수 있는지 알아볼 것이다. 이러한 연구를 살펴보기 전에 먼저 마음의 특성에 대해 알아보자.

(1) 마음의 특성

마음은 어떤 특징을 가지는가?

첫째, 제1장에서 기술하였듯이, 마음은 정신적 실체라서 물리적 실체와는 달리 내적으로 경험되는 것이다. 물리적 사물이나 행동 등은 겉으로 드러나므로 일반인이 직접 관찰할 수 있으나, 마음은 내적으로 경험되는 것이므로 외적으로 관찰할 수 없다.

둘째, 마음은 행동을 설명하는 이론적 구성개념이다. 이론적 구성개념이란, 그것을 직접 관찰하여 그 존재를 확인할 수는 없으나 어떤 현상을 설명하는 데 반드시 필요한 개념이다. 비유하면, 물리학의 중력과 같은 개념이다. 중력은 직접 관찰할 수 없지만, 나무에서 사과가 떨어지는 현상을 설명하기 위해서는 중력이라는 개념이 필요하다. 마음도 물리학에서의 중력과 같이 눈으로 직접 확인할 수는 없으나 사람의 행동을 설명하는 데 반드시 필요한 개념이다.

셋째, 마음의 가장 중요한 특징은 그것이 표상이라는 점이다. 퍼너(Perner, 1991)는 표상이란 어떤 대상을 특정 방식으로 나타내는 도구 또는 그 과정이라고 정의하였다. 즉, 표상 대상(referent)을 특정 내용(content)으로 나타내는 **표상적 도구**(representational medium)와 표상 대상을 특정 내용으로 나타내는 **과정**의 두 가지라고 하였다. 이 정의에 의하면 표상 대상을 특정 내용으로 나타내는 도구, 예를 들어 그림, 모형, 사진 등을 모두 표상이라고 할 수 있다.

퍼너(1991)의 정의에 의하면, 마음도 표상 대상을 특정 내용으로 나타내는 표상적 도구이다. 우리는 외부 세계를 보고 외부 세계를 특정 방식으로 마음속에 표상한다. 외부 세계를 마음에 표상할 때 일반적으로 그 내용이 표상 대상의 실제 사실과 일치한다. 예를 들어, 바나나를 보고 이것을 바나나라고 생각한다면, 표상 대상인 바나나를 사실 그대로 바나나로 표상하는 것이다. 그러나 표상 대상과 표상 내용이 일치하지 않는 경우도 있다. 예를 들어, 바나나를 전화기라고 가장하여 상상하는 경우는 표상 대상인 바나나를 마음속에서는 전화기로 표상하는 것이다. 이 경우는 의도적으로 표상 대상을 사실과 다르게 마음속에 표상하는 것이다.

또 의도하지는 않았으나 표상 대상을 사실과 다르게 잘못 표상할 수도 있다. 우리는 흔히 표상 대상에 대해 자신의 경험과 지식을 바탕으로 해석하여 마음에 표상한다. 그러나 표상 대상에 관련된 모든 정보를 가질 수 없으므로 표상 대상에 대해 잘못 알 수도 있다. 따라서 의도하지 않게 표상 내용이 사실과 달라지는 경우가 있다. 예를 들어, 자신의 친구가 입이 무거운 사람이라고 생각하고 있는 경우, 그 친구가 실제로 그런 사람일 수도 있고 아닐 수도 있다. 친구의 특성에 대한 자신의 표상, 즉 친구에 대한 내 믿음이 친구의 실제 특성과 일치할 수도 있고 그렇지 않을 수도 있는 것이다. 만약 친구가 나의 비밀을 다른 사람에게 말하지 않을 것으로 믿고 있었는데 남에게 다 말한 것을 알고 나면, '내가 잘못 알고 있었구나!'라고 친구에 대한 생각(표상)을 바꾸게 된다. 이때 친구에 대한 자신의 생각이 틀렸다는 것을 이해하기 위해서는, 자신이 '친구의 입이 무겁지 않다'는 실제를 마음 속에서 '친구의 입이 무겁다'로 잘못 표상했음을 이해해야 한다. 그러기 위해서는 실제에 대한 자신의 표상(입이 무겁지 않은 친구를 입이 무겁다고 생각한 것)을 지금 내 마음속에 다시 표상해야 한다. 표상을 다시 표상하는 것, 달리 표현하면 표상에 대해 표상하는 것을 **상위표상**(metarepresentation)이라고 하므로, 마음이 표상하고 있는 것을 이해하기 위해서는 상위표상하는 능력이 필요하다(Perner, 1991).

[그림 3-12]를 보면 마음을 이해하는 과정이 상위표상을 하는 과정이라는 것이 보다 분명하게 이해될 것이다. 예를 들어, 내가 친구의 마음을 읽는 과정을 생각해 보자. 친구가 무엇인가를 생각하고 있다면 친구는 생각하고 있는 내용을 마음속에 표상하고 있는 것이다. 이를 A와 같이 친구의 생각(z)을 생각구름을 사용하여 나타낼 수 있다.

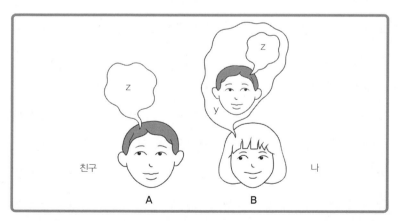

[그림 3-12] 상위표상 과정으로서의 마음읽기(마음은 생각구름으로 표시했음) A는 친구가 특정 마음(z)을 가지고 있는 것임. B는 내가 친구의 마음을 읽는 것임. 즉, 친구가 특정 마음(z)을 가지고 있다는 것을 내가 마음읽기(y)하는 것임.

내가 친구의 마음을 읽기 위해서는 친구의 머릿속에 있는 표상(z)을 내가 내 마음속에 표상해야(y) 하는데, 이 과정이 바로 B이다. 이 과정은 표상을 표상하는 것이므로 상위표상이 된다. 따라서 상대방의 마음을 이해하고 읽기 위해서는 상대방의 생각을 내 마음속에 다시 표상하는 상위표상 능력이 필요한 것이다.

(2) '가장하는' 마음 상태 읽기

생후 18개월이 지나면서 아동은 **가장**놀이를 하기 시작한다. 예를 들어, 베개를 아기로, 자신을 엄마로 가장하여 놀이한다. 또 다른 사람이 가장하는 것도 쉽게 알아차려(Leslie, 1987), 다른 아이가 바나나를 귀에 대고 말하면 이 아이가 바나나를 전화기로 가장하고 있다는 것을 곧 알아차리고 자신도 함께 전화놀이를 한다. 가장놀이는 2~3세 무렵 아동이 가장 즐겨 하는 놀이의 하나이며, 6세까지도 지속적으로 한다.

가장놀이의 가장 큰 특징은 가장행동이 실제 상황에서의 행동과 관련되어 있지만 실제 상황과는 다르다는 것이다. 컵에 물이 없지만 물이 들어 있듯이 소리 내어 마시거나, 인형의 얼굴이 더럽지 않지만 더러운 것처럼 닦아 주거나, 요리하거나 전화하고 있지 않지만 요리 또는 전화하거나, 졸리지 않지만 졸린 듯이 눈을 감고 바닥에 눕거나, 베개를 아기인 듯 토닥토닥 두드리며 재우는 가장행동을 한다.

가장행동의 발달을 다룬 니콜리크(Nicolich, 1977)의 연구에 따르면, 가장행동은 일정 순서로 나타난다. 초기에는 가장이 실제 행동과 밀

접하게 관련되어 있어서, 물이 들어 있지 않지만 실제로 컵을 입에 대고 물을 마시듯이 가장한다. 그러나 점차 실제 상황에서 벗어나고 추상적이 되어서, 실제로 컵이 없어도 마치 손으로 컵을 잡은 것같이 손을 입 가까이 가져가 마시는 행동을 가장한다. 또 처음에는 자신의 행동을 가장하지만(물 마시는 가장행동), 나중에는 인형이나 다른 사람에게 물을 먹이거나 밥을 먹이는 등 다른 대상에 대해 가장행동을 한다. 또 가장행동을 미리 계획하여 일련의 행동을 순서대로 가장하게 된다. 예를 들어, 소꿉놀이를 하면서 냄비에 뭔가를 넣고 밥을 만드는 가장행동을 한 후 '밥'이라고 말하면서 숟가락으로 먹이는 가장행동을 하고, 그다음 '고기'라고 말하면서 고기 반찬을 먹이는 등 연속으로 가장행동을 한다. 이러한 연속적인 가장행동이 대개 생후 2년까지는 출현한다(Nicolich, 1977).

2세 아동이 가장놀이를 할 때 행동을 과장하며, 주변 사람을 흘끗 보고 웃으면서 놀이하는데(Nicolich, 1977), 이는 2세 아동이 실제 (reality) 상황과 마음속의 가장 상황이 서로 다른 것임을 알고, 이를 의식하면서 즐기고 있음을 보여 준다. 그러나 가장놀이를 하는 아동이 과연 자신이 가장물(예: 바나나)을 다른 어떤 것(예: 전화기)으로 마음속에 표상하고 있다는 것을 의식하는지, 즉 상위표상하고 있는지에 대해서는 연구자 간의 의견이 일치하지 않는다. 피아제(Piaget, 1929)는 아동이 감각운동 도식기 말기인 생후 18개월 무렵에 가장놀이를 하기 시작하는 것은 정신표상을 이해하게 되었기 때문이라고 보았다. 즉, 한 사물이 마음속에서는 다른 것으로 표상될 수 있음을 이해하게 되어서 바나나를 전화기로 표상하면서 논다는 것이다. 그러나 피아제(1929)는 바나나를 전화기로 가장하여 놀고 있는 아동이 바나나를 전화기로 마음속에 표상하고 있음을 의식하는지(생각하는지)에 대해서는 분명하게 언급하고 있지 않다. 반면, 레슬리(Leslie, 1994)는 바나나를 전화기로 가장하면서 놀고 있는 아이는 실제 상황에서 '이것은 바나나이다'이지만 가장놀이 상황에서는 '이것은 전화기이다'로, 두 상황에서 분리하여 표상한다고 보았다. 레슬리는 이렇게 실제 상황과 분리하여 가장 상황을 표상하는 것도 상위표상하는 것이라고 볼 수 있다고 주장한다.

　이에 반해 퍼너(1991)는 가장놀이를 하고 있는 2세 아동이 놀이를 하면서 자신이 바나나를 전화기로 표상하고 있다는 사실을 생각하고 있다고, 즉 상위표상하고 있다 볼 필요가 없다고 주장한다. 퍼너는 가장놀이를 하는 아동은 실제 상황과 다른 가장 상황을 단순히 그런 **척하는**(acting-as-if) 것뿐이라 볼 수 있다고 주장한다. 즉, 단순히 두 가지 상황인 실제 상황과 가장 상황을 각각 표상하고, 가장 상황을 실제 상황인 것처럼 행동하고 있다는 것이다. 퍼너의 주장에 따르면, 가장놀이를 하면서 아동은 '**실제 상황은 바나나이다**'라고 표상하고 '**가장 상황은 전화기이다**'라고 두 상황을 각각 표상하는 것이지, '**나는 바나나를 전화기라고 생각하면서 놀고 있다**'라고 가장하고 있는 마음 상태를 의식하고 생각하는 것은 아니라는 것이다.

　앞에서 보았듯이, 바나나를 전화기인것처럼 가장놀이하고 있는 2세 아동이 바나나를 마음속에 전화기로 상위표상하고 있는 것인지에 대해서는 합의가 이루어지지 않았다. 그러나 바나나를 전화기인 것처럼 가장놀이를 하는 아동이 바나나를 전화기로 간주하고 놀고 있는 것은 분명해 보인다. 또 다른 아이가 가장놀이를 하는 것을 보게 되면 자신도 웃으면서 그 놀이에 참여하는데, 이는 가장하고 있는 상대 아이가 가장놀이를 하면서 함께 놀자고 제안하고 있음을 이해하는 수준에서 상대방의 마음을 읽은 것이라고 볼 수 있다.

(3) '바라는' 마음 상태 읽기

말을 하기 시작한 지 얼마 지나지 않아서 아이들은 '하고 싶다(want)' '갖고 싶다(need)' 등의 단어를 사용하기 시작한다. '하고 싶다'는 단어를 사용하기 시작한 초기에는 주로 무엇을 달라고 요구할 때 사용하지만, 2세가 지나면서부터는 자신이 바라는 상태와 목적을 나타내기 위해 사용한다. 예를 들어, 미키 인형을 가지고 있지 않은 아이가 "미키 인형 갖고 싶어."라고 말하거나 "난 미키 인형 갖고 싶어. 누나는 미니 인형 갖고 싶어 해."라고 말한다. 이러한 말은 가지고 있지 않은 무엇인가를 바라는 것, 즉 어떤 것을 원하는 것이 바라는 마음이며, 바라는 마음은 주관적이어서 사람마다 다를 수 있다는 것을 아동이 2세 무렵부터 이해한다는 것을 보여 준다.

아동이 하는 말을 살펴보면 아동이 2세 무렵부터 **바람**을 이해하는 것으로 보이나, 아동의 행동을 살펴보면 생후 18개월 된 아동도 바람이 주관적인 마음 상태임을 이해하는 것으로 보인다. 레파콜리와 고프닉(Repacholi & Gopnik, 1997)은 생후 14개월과 18개월 된 아동에게 아동이 좋아하는 과자와 싫어하는 브로콜리를 주었다. 그리고 나서 실험자도 아동 앞에서 과자와 브로콜리를 맛보았다. 이때 한 조건(일치 조건)에서는 실험자가 아동의 기호에 맞추어 과자가 아주 맛있다는 표정을 지으면서 "음." 하였으며, 브로콜리는 "웩." 하면서 맛없다는 표정을 지었다. 다른 조건(불일치 조건)에서는 실험자가 아동의 기호와는 달리 브로콜리는 맛있다는 표정을 지었고, 과자는 맛없다는 표정을 지었다. 그리고 나서 아동에게 손을 내밀면서 "더 먹고 싶다. 더 줄래?"라고 하였다. 바람이 주관적이어서 사람마다 다를 수 있다는 것을 아동이 이해한다면, 불일치 조건에서 실험자가 "더 줄래?"라고 한 말은 실험자가 좋아하는 브로콜리를 달라는 뜻임을 읽을 수 있어야 한다. 생후 14개월 된 아동은 자신이 좋아하는 과자를 실험자에게 주었으나, 생후 18개월 된 아동은 자신은 싫어하지만 실험자가 맛있다는 표정을 지었던 브로콜리를 주었다. 이는 생후 18개월이 되어야 동일한 대상에 대해 사람들이 서로 다른 마음을 가질 수 있다는 것을 아동이 이해할 수 있음을 보여 준다. 생후 18개월 된 아동은 자신과는 다른 선호를 가지고 있는 사람이 원하고 있는 것이 무엇인지 그 마음을 읽을 수 있는 것이다.

만 2세가 되면, 아동은 현 상태와 바람 그리고 행동 간의 관계를 이해한다. 즉, 사람은 자신이 바라는 상태가 이루어질 때까지 행동한다는 사실을 이해하게 된다. 웰먼과 울리(Wellman & Woolley, 1990)는 2세 아동이 현 상태와 바람 및 행동 간의 관계를 이해하는지 알아보기 위해 특정 상황에 관한 다음과 같은 이야기를 들려주었다. "한 아이가 강아지를 학교에 데려 가고 싶어 하는데, 강아지는 집 안에 있을 수도 있고 차고에 있을 수도 있어. 그런데 이 아이는 차고에서 강아지를 찾았어(또는 찾지 못했어)." 그런 후 아동에게 이야기 속의 아이가 어떤 행동을 할 것인지를 질문하였다. 즉, 이 아이가 다른 장소인 집에서 강아지를 찾아볼 것인지, 아니면 학교로 갈 것인지에 대해 질문하였다. 2세 아동은 주인공이 강아지를 찾았을 때는 학교에 간다고 답하였으나(78% 정답률), 찾지 못했을 때는 다른 장소에서 찾을 것이라고 답하였다(90% 이상 정답률). 이는 2세 아동이 사람의 바람과 현재 상태에서 그 사람이 할 행동을 예측할 수 있다는 것을 보여 준다. 웰먼과 울리는 행동을 예측하는 과제 외에 정서 반응을 예측하는 과제도 사용하였는데, 2세 아동은 원하는 강아지를 찾으면 기쁘고, 찾지 못하거나 강아지 대신 토끼를 발견하면 슬프다고 답하였다. 2세 아동은 바람이 이루어지면 기쁘지만, 이루어지지 않으면 슬프다는 바람 성취와 정서 경험 간의 관계를 이해하는 것이다.

3세 아동은 서로 다른 바람을 지닌 두 사람이 동일한 상황에 있더라도 각기 다른 정서를 느낀다는 것을 이해한다. 예를 들어, 동화책을 갖고 싶어 하는 언니와 인형을 갖고 싶어 하는 동생에게 엄마가 똑같이 동화책을 하나씩 선물해 주었을 때, 동화책을 바랐던 언니는 기쁠 것이지만 인형을 갖고 싶어 했던 동생은 슬플 것이라고 정서를 정확하게 예측할 수 있다(김혜리, 2000b; 전명숙, 김혜리, 1999).

앞에서 살펴본 바와 같이 만 2세 정도의 어린 아동도 바람을 이해한다. 이처럼 어린 나이에 이해하는 것은 바람을 이해하는 데는 굳이 표상을 사용하여 이해할 필요가 없기 때문인 것으로 설명된다(Perner, 1991; Wellman, 1990). 바람은 무엇인가를 원하는 마음 상태인데, 예를 들어 사과를 보고 있는 친구를 보면서 '친구가 사과를 원하고 있다'고 생각할 때, 친구의 마음과 사과를 연결하기만 하면 된다. 이러한 과정을 도식화하면 [그림 3-13]의 A와 같다. 나의 생각을 나타내는 생각구름에는 친구의 바라는 마음과 사과만이 있는 것이다. 굳이 B와 같이 '친구가 사과에 대한 표상을 머릿속에 그리고 있다'고 친구의 마음 상태를 내 머릿속에 다시 표상할 필요는 없다. A에는 사람의 생각(표

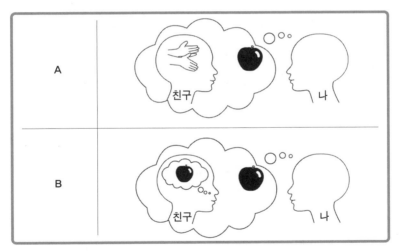

[그림 3-13] 바람을 이해하는 두 가지 방식   A는 바람을 이해하는 일상적인 방식이다. 이 방식은 친구와 친구가 바라는 대상인 사과를 내 마음속에서 연결하여 표상한다(생각을 나타내는 생각구름이 한 번만 사용된 것에 주목하라). B는 상위표상을 사용하여 바람을 표상으로 이해하는 방식이다. 이 방식은 친구가 바라는 대상인 사과를 마음속에 표상하고 있다고 이해하는(표상하는) 것이다. 따라서 바람을 가지고 있는 친구의 마음속 표상을 다시 내 마음속에 표상해야 한다(바람을 가지고 있는 사람의 생각을 나타내는 생각구름이 내 생각을 나타내는 생각구름 속에 포함되어 있음에 주목하라).

상)을 나타내는 생각구름이 하나만 나타나 있는 데 반하여, B에는 친구의 생각을 나타내는 생각구름이 나의 생각을 나타내는 생각구름 속에 포함되어 있다. B와 같이 생각하는 것은 친구의 바람을 표상으로 이해하는 것인데, 이는 곧 친구의 표상을 내 머릿속에 다시 표상하는 것으로 상위표상하는 것이다.

퍼너(1991)와 웰먼(1990)은 바람이 [그림 3-13]의 A와 같은 방식으로도 충분히 이해될 수 있으므로, 일상적으로는 A처럼 이해한다고 주장한다. 바람을 B처럼 상위표상하여 표상으로 이해할 수도 있으나, 굳이 그렇게 해야만 바람이 이해되는 것은 아니므로 인지적 효율성을 고려할 때 B와 같이 이해할 필요가 없다는 것이다. 이에 반해, 믿음과 같은 마음 상태는 A와 같은 방식으로는 이해될 수 없고, 상위표상하여 B와 같은 방식으로만, 즉 표상으로만 이해될 수 있다고 주장한다. 이러한 주장에 근거하여 보면, 2세 정도의 어린 아동이 현 상태와 바람 및 행동 간의 관계를 이해하고 이에 대해 이야기할 수 있는 것은 상위표상을 하지 않아도 '바라는' 마음 상태를 이해할 수 있기 때문이다. 앞으로 보게 되겠지만, B와 같이 상위표상을 해야만 이해할 수 있는 믿음과 같은 마음 상태는 4세 정도가 되어야 이해할 수 있다[p. 99의 '생각하는(믿는)' 마음 상태 읽기 참조].

(4) '지각하는' 마음 상태 읽기: 무엇이, 어떻게 보이는지에 대한 이해

지각은 외부 자극을 보고 그것이 무엇인지를 아는 과정이다. 사물이 제시되는 것은 외부에서 일어나는 과정이며, 그것이 무엇인지 아

는 것은 마음속에서 일어나는 정신적인 과정이다. 지각이 어떤 경우에 일어나는지에 대한 초보적인 수준의 이해는 생후 1년이 채 되지 않은 영아들에게서도 볼 수 있다. 지각과정이 일어나기 위해서는 먼저 외부 자극이 감각기관을 통해 유입되어야 한다. 예컨대, 시각의 경우에는 눈으로 외부 자극을 보아야 하는 것이다. 앞에서 보았던(p. 59 시선 감시, 시선 추적 및 공동 주의 부분) 아기의 시선 추적을 상기해 보자. 생후 8개월 무렵부터 아기는 자신과 눈을 맞추었던 성인이 얼굴을 돌려서 다른 곳을 응시하면 성인의 시선을 따라 자신도 그 방향을 보는 시선 추적을 하는데(Scaife & Bruner, 1975), 생후 10개월 된 아기는 성인이 눈을 감았을 때보다 눈을 뜨고 있을 때 시선 추적을 더 오래, 또 더 자주 하였다(Brooks & Meltzoff, 2005). 이로 미루어 보아, 생후 10개월 된 아기는 눈을 떠야 볼 수 있음을 이해하는 것 같다.

그러나 지각 경험이 일어나는 상황에 대해 보다 분명하게 이해하기 시작하는 시기는 생후 18개월 이후이다. 렘퍼스, 플라벨과 플라벨(Lempers, Flavell, & Flavell, 1977)은 아동이 언제부터 지각 경험에 대해 이해하는지 알아보기 위해 만 1~3세까지의 아동에게 그림을 다른 사람에게 보여 주라고 하거나 볼 수 없게 하라고 요구하였다. 손으로 눈을 가리고 있는 엄마에게 그림을 보여 주라고 하면, 생후 18개월 된 아동은 먼저 엄마의 손을 내린 후에 엄마의 눈 바로 앞에 그림을 가져 갔다. 또 다른 사람에게 그림을 보여 주라고 하면, 자기도 그 그림을 계속 볼 수 있도록 그림을 수평으로 잡고 보여 주었다. 그러나 생후 2년이 된 아동은 상대방에게 그림을 보여 주라고 하면, 상대방에게 그림이 잘 보이도록 수직으로 세워서 보여 주었다. 또 불투명한 컵의 밑바닥에 붙어 있는 그림을 다른 사람에게 보여 줄 때도, 컵 안쪽이 상대방에게 잘 보이도록 컵의 안쪽을 상대방 눈 가까이 갖다 대었다. 어떤 사물을 자신에게 보이지 않도록 하라고 하면, 생후 2년 6개월 된 아동은 자신과 사물 사이에 장애물을 놓았지만, 다른 사람에게 보이지 않도록 하는 데는 성공하지 못하였다. 그러나 3세 아동은 다른 사람의 시선이 사물을 향하고 있을 때, 다른 사람과 사물 사이에 장애물을 놓아서 그 사람의 시선을 차단함으로써 사물을 볼 수 없도록 할 수 있었다.

　3세 무렵에는 사람의 시선 방향은 그 사람이 보고 있는 대상을 가리킴을 분명하게 인식하기 시작한다. 즉, 시선이 향하고 있는 대상이 바로 그 사람이 보고 있는 대상임을 알게 된다. 바론코헨과 크로스(Baron-Cohen & Cross, 1992)는, [그림 3-14]의 조건 A와 같이 얼굴이 정면을 향하고 있지만 시선 방향이 다른 한 쌍의 사진, 또는 조건

조건 A　　　　　조건 B

[그림 3-14] 바론코헨과 크로스(1992)의 자극

출처: Baron-Cohen & Cross (1992).

B와 같이 시선 방향과 얼굴 방향이 모두 다른 한 쌍의 사진을 제시한 후, 3, 4세 아동에게 어느 사진의 얼굴이 아동 자신을 보고 있는지를 질문하였다. 조건 A에서는 어떤 사진이 자신을 보고 있는지를 판단하는 데 사용할 수 있는 단서가 시선 방향이지만, 조건 B에서는 시선 방향과 얼굴 방향이 모두 단서가 된다. 따라서 자신을 보고 있는 얼굴을 판단하는 데 시선 방향이 강력한 단서라면, 얼굴 방향이 어디를 향하고 있는가는 중요하지 않을 것이므로 조건 A와 B에서 모두 시선 방향에 따라 판단할 것이다. 실제로, 두 자극 조건에서 모두 3, 4세 아동은 시선 방향에 기초하여 자신을 보고 있는 얼굴 사진을 우연 수준 이상으로 선택할 수 있었다. 이는 시선 방향이 지각 대상을 가리킴을 3세 아동이 분명하게 인식하는 것을 보여 준다.

3세 아동이 사람의 시선 방향에서 그 사람이 보고 있는 대상을 파악할 수 있다는 것은 한국 아동을 대상으로 한 김경미 등(2007)의 연

[그림 3-15] **김경미 등(2007)에서 사용된 자극**   A 자극에서는 얼굴 방향은 정면이지만 시선 방향은 다른 방향이며, B 자극에서는 얼굴 방향과 시선 방향이 동일한 방향임.

출처: 김경미 외(2007).

구에서도 나타났다. 김경미 등은 사진 자극을 사용한 바론코헨과 크로스(1992)와는 달리 얼굴 그림 자극을 사용하였다. [그림 3-15]와 같이 시선 방향과 얼굴 방향이 일치하거나 일치하지 않는 얼굴 자극과 그 주변의 네 방향에 네 가지 도형을 제시한 후, 아동에게 그림 속의 사람이 무엇을 보고 있는지 질문하였다. 3세 아동도 85% 이상 정확하게 얼굴 그림의 시선 방향에 기초하여 무엇을 보고 있는지를 판단하였다.

3세 아동은 사람의 시선 방향에서 그 사람이 무엇을 보고 있는지 알아낼 수 있을 뿐만 아니라, 시선 방향은 그 사람이 바라거나 목표하는 대상을 향하고 있다는 것도 이해한다. [그림 3-16]과 같이 네 방향에 각기 다른 과자가 놓여 있고 그 중앙에 시선이 특정 방향으로 향한 사람의 얼굴이 그려진 그림을 보면, 3세 아동도 그림 속 사람은 시선이 향하는 방향에 있는 초콜릿을 먹고 싶다고 답하였다(Baron-Cohen, Campbell, Karmiloff-Smith, Grant, & Walker, 1995).

[그림 3-16] 바론코헨 등(1995)의 연구에서 사용된 자극

출처: Baron-Cohen et al. (1995).

2. 마음읽기 능력의 발달: 영아기부터 학령기 이후까지

지금까지 보았듯이, 3세 아동은 시선 방향에서 사람이 무엇을 보고 있는지 그 지각 경험을 읽을 수 있을 뿐만 아니라, 그 사람의 바람을 읽을 수도 있다. 그러나 3세 아동은 한 사물이 자신에게 지각되는 것과 다른 사람에게 지각되는 것이 다를 수 있다는 사실은 이해하지 못한다. 한 장면이 어떻게 지각되는가는 보는 방향에 따라 달라지는데, 이런 사실을 4세 미만 아동은 이해하지 못한다. 예를 들어, 바로 서 있는 거북이 그림이 아동에게 거꾸로 서 있는 것처럼 보이도록 책상 위에 놓은 후, 거북이 그림이 책상 반대편에 앉아 있는 실험자에게 어떻게 보이는지를 질문하면 4세 아동만 정확하게 답하였다. 즉, 4세 아동은 자신에게 거꾸로 서 있는 것으로 보인 거북이 그림이 실험자에게는 바로 서 있는 것으로 보인다고 답한다. 그러나 3세 아동은 자신에게 보인 것과 동일하게 상대방에게도 보인다고 답한다(Flavell, Everett, Croft, & Flavell, 1981).

여기서 3세 아동이 틀린 답을 하는 것은, 마상케이 등(Masangkay et al., 1974)의 연구 결과로 미루어 볼 때 피아제의 공간적 자아중심성 개념으로는 설명될 수 없다. 마상케이 등은 자극의 앞면과 뒷면에 서로 다른 그림, 예를 들어 앞면에는 고양이 그림, 뒷면에는 강아지 그림이 그려진 자극을 수직으로 세워서 3세 아동에게 보여 주고, 반대편에 앉아 있는 사람이 무엇을 볼 것인지 질문하였다. 3세 아동은, 자신에게는 고양이가 보이지만 반대편에 앉아 있는 사람에게는 강아지가 보인다고 정확하게 답하였다. 이 결과는 3세 아동이 다른 사람의 지각 경험을 자아중심적으로 판단하지 않는다는 것을 보여 준다. 3세

아동의 문제점은 한 사물이 보는 각도에 따라 달리 보인다는 것, 즉 한 사물에 대한 지각 경험은 그 사물에 대한 표상이며, 그 내용은 보는 방향에 따라서 달라질 수 있다는 것을 이해하지 못하는 것이다. 이에 반해, 4세 아동은 한 사물이 보는 방향에 따라 다르게 지각된다는 것을 이해한다.

아동은 4세 정도가 되어야 같은 사물이라도 보는 방향에 따라, 또 어떤 측면을 보느냐에 따라 다르게 지각된다는 사실을 분명하게 이해하게 된다. 이는 3~4세 아동이 겉으로는 돌처럼 보이지만, 실제로는 스펀지인 사물의 외양과 실제를 혼동하지 않고 구분할 수 있는가를 연구한 플라벨, 플라벨과 그린(Flavell, Flavell, & Green, 1983)의 연구에서도 볼 수 있다. 사물의 외양과 실제를 구분하기 위해서는 사물의 실제를 외양과는 다르게 마음속에 표상할 수 있어야 한다. 플라벨 등(1983)은 3~4세 아동에게 외양과 실제가 다른, 돌처럼 보이는 스펀지를 보여 주고 이것이 무엇인지 질문하였다. 대부분의 아동은 그 외양에 따라 돌이라고 답하였다. 아동이 답을 한 후 이 사물의 실제를 보여 주었다. 예를 들어, 돌처럼 보이는 스펀지를 누르면서 스펀지임을 분명하게 보여 주었다. 그리고 나서 아동에게 "이것을 눈으로 보면 무엇으로 보이니? 돌로 보이니, 스펀지로 보이니?" "이것은 진짜로, 진짜로 무엇이니? 진짜로 돌이니, 아니면 진짜로 스펀지니?" 하고 질문하였다. 20명의 3세 아동 중 5명만이 이것이 진짜 스펀지이지만 눈으로 보면 돌처럼 보인다고 답하였으며, 나머지 15명은 눈으로 보아도 스펀지이고 진짜로도 스펀지라고 답하였다. 이에 반해, 4세 아동은

20명 중 17명이 정확하게 진짜 스펀지이지만 눈으로 보면 돌처럼 보인다고 답하였다. 이는 4세가 되어야 사물에 대한 지각 경험은 실제 사물과는 다를 수 있다는 사실을 이해하게 됨을 보여 준다. 즉, 지각 경험과 같은 마음 상태가 실제를 항상 그대로 반영하지 않는다는 것은 4세가 되어야 이해할 수 있는 것이다.

(5) '아는' 마음 상태 읽기

흔히 우리가 어떤 사실을 '안다(know)'고 말할 때는 그 사실에 대해 정확한 내용을 파악하고 있을 때이다. 어떤 사실에 대해 잘못 파악하고 있을 때는 '안다'고 말하지 않는다. 즉, 어떤 사실에 대해 **안다**는 것은 그 사실에 대한 정확한 표상을 가지고 있는 것이다. 또 정확한 표상을 가지게 된 것은 사실과 관련된 정보에 접했기 때문이다. 예를 들어, 친구의 나이가 20세라는 사실을 '안다'고 말할 수 있는 경우는 실제로 친구의 나이가 20세이며, 20세라는 사실을 본인에게서 들었거나 주민등록증을 보고 알았을 경우이다. 짐작으로 20세라고 말한 경우는 '안다'고 할 수 없으며 단지 추측한 것이 된다. 이와 같이 '아는' 마음 상태는 어떤 사실에 대한 정보에 접하여 그에 대한 정확한 표상을 가지고 있는 것이다. '아는' 마음 상태를 어린 아동이 언제부터 이해하는지 살펴보자.

생후 1년 반 정도가 지나면서 아동들은 "나 알아." "나 몰라."와 같은 말을 자주 하기 시작하는데, 2~3세 무렵에는 이러한 말이 흔히 나타난다(Bartsch & Wellman, 1995; Bretherton, McNew, & Beeghly-Smith,

1981). 또 '안다' '모른다'는 단어를 사용하기 시작하는 무렵, 아이들은 어떤 사실을 보거나 들어야 그 사실에 대해 알게 된다는 것을 초보적인 수준에서 이해한다.

포울린 듀보이와 동료들(Poulin-Dubois, Sodian, Metz, Tilden, & Schoeppner, 2007)은, 생후 18개월 된 아동이 보는 것과 아는 것 간의 관계를 어렴풋이 이해하여 사물이 어디에 있는지를 본 사람은 사물의 위치를 알지만, 보지 못한 사람은 모른다는 사실을 파악한다는 것을 보여 주는 흥미로운 연구를 하였다. 이들은 생후 14, 18, 24개월 된 아동에게 다음과 같은 장면을 영상으로 보여 주었다. 엎어져 있는 두 개의 양동이 앞에 한 성인이 앉아 있고 바로 그 뒤에 다른 성인이

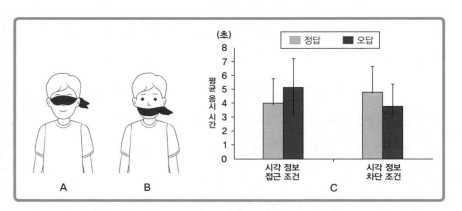

[그림 3-17] 포울린 듀보이 등(2007)의 연구에서 사용된 자극 조건과 연구 결과
A는 눈이 가려져서 컵이 어떤 양동이에 들어 있는지 볼 수 없는 시각 정보 차단 조건이며, B는 입이 가려져서 컵이 어떤 양동이에 들어 있는지 볼 수 있는 시각 정보 접근 조건임. C는 시각 정보 접근 및 차단 조건에서의 컵이 든 양동이를 가리키는 사진(정답)과 컵이 없는 양동이를 가리키는 사진(오답)에 대한 생후 18개월과 24개월 된 아동의 응시 시간임.

출처: Poulin-Dubois, Sodian, Metz, Tilden, & Schoeppner (2007).

서 있는데, 서 있는 성인이 아동을 향하여 "우린 이제부터 게임을 할 거야."라고 말해서 아동의 주의를 끈 후, [그림 3-17]의 A와 같이 앞에 앉아 있는 성인의 눈을 가리개로 가리거나(**시각 정보 차단** 조건) 또는 B와 같이 입을 가렸다(**시각 정보 접근** 조건). 그 후 양동이를 하나씩 들어 올려서 어느 양동이에 컵이 있는지 드러나도록 한 후 양동이를 다시 원상태로 내려놓은 후 무대에서 나가자, 앉아 있던 성인은 자신의 눈 또는 입을 가리고 있던 가리개를 벗었다. 잠시 후 양동이를 들어 올렸던 성인이 들어오면서 앉아 있는 성인의 이름을 부르면서 "컵이 어디 있을까?"라고 질문하였고 이어서 검사 장면을 제시하였다. 검사 장면은 앉아 있던 성인이 손으로 컵이 들어 있던 양동이를 가리키는 (정답) 사진과 들어 있지 않았던 양동이를 가리키는(오답) 사진이었다.

　시각 정보 차단 조건의 눈이 가려졌던 성인은 양동이가 들어 올려졌을 때 어느 양동이에 컵이 들어 있는지 볼 수가 없었다. 따라서 눈으로 보아야 컵이 어느 양동이에 있는지를 알 수 있다는 사실을 아동이 이해한다면, 컵이 들어 있는 양동이를 가리키고 있는 사진은 기대에 어긋나는 장면이 되므로 이 사진을 빈 양동이를 가리키고 있는 사진보다 더 오래 응시할 것이다. 반면, **시각 정보 접근** 조건의 입이 가려졌던 성인은 어느 양동이에 컵이 들어 있는지 볼 수 있었기에 컵이 없는 양동이를 가리키고 있는 사진이 기대에 어긋나는 장면이 된다. 따라서 이 사진을 컵이 들어 있는 양동이를 가리키고 있는 사진보다 더 오래 응시할 것이다. 생후 18개월 된 아동과 생후 24개월 된 아동은 [그림 3-17]의 C에서 볼 수 있듯이 이와 같은 패턴의 반응을 보였다.

그러나 생후 14개월 된 아동은 두 조건에서 동일하게 두 가지 검사자극을 유사한 정도로 응시하였다. 이는 어떤 사실(물건의 위치 등)을 눈으로 본 사람은 그 사실에 대해 알지만, 보지 못한 사람은 모른다는 사실을 적어도 생후 18개월이 되어야 파악할 수 있음을 보여 준다.

  포울린 듀보이 등(2007)의 연구에서 볼 수 있듯이 생후 18개월 된 아동은 보는 것과 아는 것 간의 관계를 이해할 수 있다. 하지만 이들이 이해하는 수준은 어렴풋이 이해하는 수준이어서, 자극에 대한 응시 시간 이외의 반응에서 그 증거를 찾기는 어렵다. 그러나 생후 3년 무렵이 되면 질문에 대한 언어적 반응이나 행동에서 보고 듣는 지각 행동과 아는 것 간의 관계를 이해한다는 것이 분명하게 나타난다. 아동이 보는 앞에서 성인이 여러 개의 공룡 모형 장난감 중 한 개를 골라 상자 안에 넣은 후, [그림 3-18]과 같이 인형 A에게는 상자 속을 보도록 하고, 인형 B에게는 상자의 뚜껑을 닫고 나서 상자를 밀도록 하

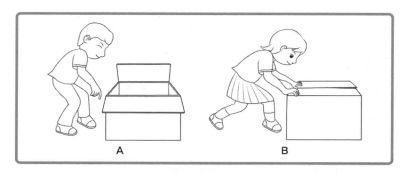

[그림 3-18] 보는 것과 아는 것 간의 관계에 대한 이해를 알아보기 위한 필로(1989) 연구에서의 장면 인형 A는 상자 속을 보고 있으며, 인형 B는 뚜껑이 닫힌 상자를 밀고 있는 장면임.

출처: Pillow (1989).

였다. 그런 후 아동에게 두 인형 중 어떤 인형이 상자 속 공룡 모형의 색깔을 아는지를 질문하면, 3세 아동은 상자 속을 본 인형은 색깔을 알지만 상자를 민 인형은 모른다고 말하며 정확하게 두 인형의 마음을 읽을 수 있다(Pillow, 1989).

숨은 물건 찾기 놀이 형식의 과제를 사용한 연구에서도(Sodian, Thoermer, & Dietrich, 2006) 3세가 되어야 보는 것과 아는 것의 관계를 분명하게 이해하는 것으로 나타났다. 아동과 두 명의 성인이 물건 찾기 놀이에 참여하였는데, 한 성인은 "네 개의 컵 중 하나에 스티커를 숨겨야지. 스티커를 숨겨 둔 컵을 잘 기억하기 위해 안경을 써야지." 라고 말하였으며, 다른 성인은 "나는 아무것도 보지 않아야지."라고 말하면서 눈을 감고 뒤로 갔다. 안경을 쓴 성인은 자신이 스티커를 숨기는 모습이 아동에게 보이지 않도록 스크린을 치고 스티커를 숨겼으며 숨긴 후에 스크린을 걷었다. 그런 후, 두 명의 성인이 서로 다른 컵을 손가락으로 가리키면서 "스티커 여기."라고 말하였다. 아동의 과제는 스티커가 숨겨진 컵을 알아내는 것인데, 아동이 정확하게 숨겨진 컵을 알아내면 숨겨진 스티커를 가질 수 있도록 하였다. 스티커를 숨기는 모습을 본 사람만이 스티커가 어떤 컵 속에 있는지를 알 수 있다는 사실을 아동이 이해한다면 안경 쓴 성인이 가리키는 상자를 열 것이다. 2세 아동은 약 31% 정도가 안경 쓴 성인이 가리키는 상자를 열었으나, 3세 아동은 모두 안경 쓴 성인의 말을 따랐다.

3세 아동은 보는 것과 아는 것 간의 관계를 이해한다. 그러나 3세 아동의 이해 수준은 완전하지 않아서 자신이 어떤 사실을 왜 아는지 또는 모르는지에 대해 정확하게 설명하지 못한다. 예를 들어, 아동에게 상자 안의 물건을 보여 주거나 내용물이 무엇인지 말해 준 후 상자 안에 든 물건이 무엇인지를 아는지 또는 모르는지 질문하면, 상자 안의 물건을 보았거나 무엇인지에 대하여 들은 경우는 3세 아동도 4세 아동과 같이 그 물건이 무엇인지 안다고 답한다. 보지 않았거나 이야기를 듣지 못한 경우는 모른다고 정확하게 말한다. 그러나 3~4세 아동에게 어떻게 아는지 또는 모르는지를 질문하면, 4세 아동은 대부분 보거나 또는 들어서 안다고 정확하게 설명하는 데 반하여, 3세 아동은 소수만(25%)이 정확하게 설명할 수 있다(Wimmer, Hogrefe, & Perner, 1988). 또한 3세 아동은 한 사물에 대한 서로 다른 종류의 지식, 예를 들어 사물의 색과 질감이나 무게는 다른 감각 양상에서 얻어진다는 사실을 이해하지 못한다. 물건을 눈으로 보아야만 물건의 색에 대해 알 수 있고, 물건을 손으로 만져서 그 느낌을 경험해야만 물건의 무게나 질감 등을 알 수 있다는 사실을 이해하지 못한다(O'Neill, Astington, & Flavell, 1992).

4세가 되면, 아동은 지식이란 어떤 사실에 대한 정확한 표상이라는 것과 그 사실에 대한 정보에 접해야만 정확한 표상을 가지게 된다는 것을 분명하게 이해하게 된다. 그 결과, 4세가 지나면서 짐작으로 정답을 말한 것과 실제로 아는 것 간의 차이를 알 수 있게 된다.

퍼너(1991)는 아동이 추측한 것과 아는 것 간의 차이를 이해하는지 알아보기 위해 아동에게 두 개의 상자 중 어떤 상자에 물건이 있는지 알아맞히는 과제를 실시하였다. 아동이 답을 하면, 아동에게 어느 상

자에 물건이 있는지를 알고 있었는지 아니면 짐작한 것인지 질문하였
다. **지식** 조건에서는 두 개의 상자 중 한 상자에 물건을 넣는 것을 보
게 하였다. **추측-정답** 조건에서는 아동에게 상자가 보이지 않도록 하
면서 몰래 두 상자에 모두 물건을 넣어 아동이 어떤 상자를 택해도 정
답이 되도록 조작하였다. **추측-오답** 조건에서는 두 상자에 모두 물건
을 넣지 않아서 아동이 어떤 상자를 택해도 오답이 나오도록 조작하
였다. 아동의 오류는 대부분 **추측-정답** 조건에서 자신이 택한 상자 안
에서 물건이 나왔을 때 물건이 그 상자 안에 있는 것을 자신이 알고
있었다고 답하는 것이었다. 또 이렇게 우연히 맞힌 답을 자신이 알고
있는 것으로 잘못 답하는 경우는 4~5세의 아동보다 3~4세 사이의
아동에서 더 많았다. 이 결과는 '안다'는 것은 어떤 사실에 대한 정보
에 접하여 그 사실에 대한 정확한 표상을 가지게 되는 것임을 4~5세
사이에 이해하게 된다는 것을 보여 준다.

(6) '생각하는(믿는)' 마음 상태 읽기

마음 상태의 하나인 생각과 믿음은 중요한 두 가지 특징을 가지고
있다.

첫째, 생각은 우리의 행동을 결정한다. 배고픈 아이가 냉장고 문을
여는 것은 먹을 것이 냉장고에 있다고 생각하기 때문이다.

둘째, 어떤 사실에 대한 생각과 믿음은 사실과 일치할 수도 있고 일
치하지 않을 수도 있다. 어떤 사실에 대한 나의 생각은 어떤 사실에
대해 내가 마음속에 표상하고 있는 것인데, 표상하고 있는 내용이 사

실과 일치할 수도 있고 일치하지 않을 수도 있다. 어떤 사실에 대해 내가 정확한 정보를 가지고 있으면 내가 마음속에 표상하고 있는 내용이 실제와 일치하지만, 정확한 정보를 가지고 있지 않으면 표상하고 있는 내용은 실제 사실과 일치하지 않는다. 실제와 일치하지 않는 생각을 가질 때 사람은 사실에 대한 **'틀린 믿음(false belief)'**을 가지게 된다. 아동이 이와 같은 생각과 믿음의 특성을 언제부터 이해하게 되는지 살펴보자.

아동이 '생각한다(think)'는 단어를 말하는 것은 만 2.5세경이다. 이 무렵에는 '생각한다'는 단어를 '안다' '모른다'보다는 적게 사용한다. 그러나 만 3세 무렵부터 자신의 마음 상태를 표현하기 위해 '생각한다'는 단어를 사용하는 비율이 크게 증가한다(Shatz, Wellman, & Silber, 1983). 예를 들어, 그림책을 보여 주면서 엄마가 "What's this?"라고 질문하였을 때 "I think this is a lamb."라고 말하는데, 이는 자신의 견해를 나타내기 위해서 think라는 단어를 사용하는 것이다. 또 자신의 생각이 틀렸다는 것을 표현하기 위해 "Before I thought this was a crocodile, now I know it's an alligator."라고 말한다. 3세가 되면서 자신의 생각을 표현하는 말이 크게 증가하는 것은 이 무렵부터 아동이 자신의 생각을 인식하기 시작함을 보여 준다.

3세 아동은 생각과 행동 간의 관계를 이해하기 시작하여 사람의 생각에 기초하여 이후 행동을 예측하거나, 사람의 행동에서 그 사람의 생각을 읽을 수 있다. 웰먼과 바치(Wellman & Bartsch, 1988)는 3~4세 아동에게 "지원이는 강아지를 찾으려고 하는데, 강아지는 현관 아니면 차고에 있을 거야. 그런데 지원이는 강아지가 현관에 있다고 생각해."
와 같은 이야기를 들려주고 지원이가 어디에서 강아지를 찾을 것인지
질문하였다. 4세 아동뿐만 아니라, 3세 아동도 지원이가 자신의 생각
대로 현관에서 강아지를 찾아볼 것이라고 정답을 말한 비율이 77%가
넘었다. "바나나가 찬장과 냉장고에 있는데, 지원이는 바나나가 찬장
에만 있고 냉장고에는 없다고 생각해."라는 이야기를 들려주었을 경
우에도 3세 아동이 지원이의 생각에 기초하여 지원이는 바나나를 찬
장에서 찾을 것이라고 답한 비율이 82%였다.

앞에서 보았듯이, 주인공의 옳은 믿음에 기초하여 주인공의 행동
을 예측하는 것은 3세 아동이 4세 아동 수준으로 잘한다. 그러나 틀린
믿음에서 행동을 예측하는 것은 잘하지 못한다. 예를 들어, "고양이가
놀이방에 있는데, 아이는 고양이가 부엌에 있는 것으로 잘못 알고 있
어."라고 이야기해 준 후 아이가 고양이를 어디서 찾을 것인지 질문하
면, 부엌에서 찾는다고 답한 비율은 3세 아동의 경우 14%에 불과하였
다. 즉, 3세 아동은 대부분 고양이가 실제로 있는 놀이방에서 찾는다
고 답하였다. 그러나 4~4.5세 아동이 정답을 말한 비율은 31%였으
며, 4.5~5세 사이의 아동은 56%였다. 이는 4세 무렵에 틀린 믿음을
가지고 있는 사람이 어떤 행동을 할 것인지를 예측할 수 있게 되기 시
작함을 보여 준다.

3세 아동은 틀린 믿음을 가지고 있는 주인공의 행동을 예측하는 것
을 잘하지 못하지만, 물건이 실제로 존재하지 않는 장소에서 물건을
찾고 있는 주인공의 행동을 틀린 믿음에 기초하여 설명할 수는 있다.

바치와 웰먼(Bartsch & Wellman, 1989)은 3세 아동에게 "지원이가 고양이를 찾고 있는데, 고양이는 의자 밑에 있어. 그런데 지원이는 피아노 밑에서 고양이를 찾고 있어."라는 이야기를 들려주고, 지원이가 왜 고양이를 피아노 밑에서 찾고 있는지 질문하였다. 3세 아동의 60%는 지원이가 피아노 밑에 고양이가 있다고 잘못 생각하기 때문이라고 답하였다. 이와 같은 결과는 3세 아동도 행동을 결정하는 것은 마음속의 믿음과 생각이라는 사실을 안다는 것을 보여 준다.

3세 아동은 주인공의 행동을 주인공의 틀린 믿음으로 설명할 수 있지만, 웰먼과 바치(1988)가 사용한 과제에서는 주인공의 틀린 믿음을 분명하게 알려 주었음에도 불구하고 주인공의 틀린 믿음을 토대로 그 행동을 예측할 수 없었다. 이러한 3세 아동의 반응으로 미루어 볼 때 3세 아동은 4세 아동과는 달리 틀린 믿음에 대해 명확하게 이해하지 못하는 것으로 볼 수 있다.

비록 3세 아동이 틀린 믿음에 대해서는 명확하게 이해하지 못하지만, 옳은 믿음에 대해서는 이해하므로 3세 아동이 '생각하는, 믿는' 마음 상태를 이해한다고 할 수 있지 않을까? 이에 대해서 데닛(1978)은 어떤 사실에 대해 옳은 믿음을 가지고 있다는 사실은 입증될 수 없기 때문에, 틀린 믿음을 이해할 수 있어야만 믿음을 이해한다고 볼 수 있다고 주장하였다. 예를 들어, 친구 현진이에게 과자가 들어 있는 과자상자를 준 후, 현진이가 이 상자에 무엇이 들어 있다고 생각할 것인지를 동생에게 질문한다면 동생은 과자라고 답할 가능성이 높다. 그런데 동생이 과자라고 답한 것은 현진이의 생각을 머릿속에 그리면서

2. 마음읽기 능력의 발달: 영아기부터 학령기 이후까지   **101**

(생각하면서) 답했을 수도 있지만, 과자 상자에 과자가 들어 있기 때문에 그냥 과자라고 답했을 수도 있다. 따라서 동생이 현진이의 생각을 읽은 것인지 아닌지를 분명히 알 수 없는 것이다.

이에 반해, 동생과 함께 과자 대신 연필을 넣은 과자 상자를 친구 현진이에게 준 후, 동생에게 현진이는 과자 상자에 무엇이 들어 있다고 생각할 것인지 질문한다면 두 가지 답이 나올 수 있다. 동생이 현진이의 마음을 읽을 수 있다면 '현진이는 과자 상자 안에 연필이 들어 있는 것을 알지 못하므로 과자가 있다고 생각할 것'임을 이해하여 과자라고 답할 것이다. 이에 반해, 마음을 읽을 수 없다면 '생각한다'의 의미를 이해하지 못하기에 "무엇이 들어 있다고 생각할까?"라는 질문을 "무엇이 들어 있니?"로 파악하여 "연필."이라고 답할 것이다. 따라서 틀린 믿음을 이해하는 능력을 연구하는 것이 마음읽기 능력을 입증하는 데 결정적인 것이다.

틀린 믿음을 이해하는 능력에 대한 실험적 연구는 퍼너와 그 동료에 의해 시작되었다. 퍼너는 동료와 함께 틀린 믿음에 대한 이해를 측정할 수 있는 과제를 개발하였는데, 이는 바로 맥시 과제와 스마티 과제이다. 위머와 퍼너(Wimmer & Perner, 1983)가 함께 고안한 맥시 과제에서는([그림 3-1)의 참조), 먼저 아동에게 맥시가 초콜릿을 초록 상자에 놓고 방을 나가고, 그 후에 엄마가 들어와서 그것을 파란 상자로 옮겨 놓고 나간다는 시나리오를 이야기해 주었다. 그리고 나서 맥시가 방에 다시 들어오면 어디에서 초콜릿을 찾을 것인가를 질문하였다. 엄마가 초콜릿을 파란 상자로 옮길 때 맥시는 밖에 있었으므로,

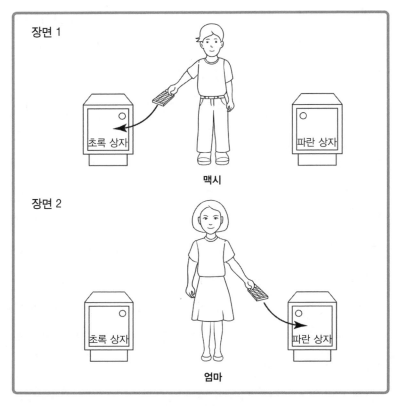

[그림 3-19] 맥시 과제

출처: Mitchell (1997).

자신이 초록 상자에 넣었던 초콜릿이 파란 상자로 옮겨졌다는 사실을
알 수 없는 상황이다. 그러나 대부분의 3세 아동은 초콜릿이 실제로
있는 곳은 파란 상자라고 답하였다. 위머와 퍼너에 따르면 믿음과 생
각은 세상에 대한 표상인데, 그 표상이 틀릴 수도 있음을 3세 아동이
이해하지 못하므로 실제 사실대로 대답하는 것이다. 반면, 약 50%의
4~5세 아동과 대부분의 6세 아동은 맥시의 틀린 믿음에 근거하여 맥

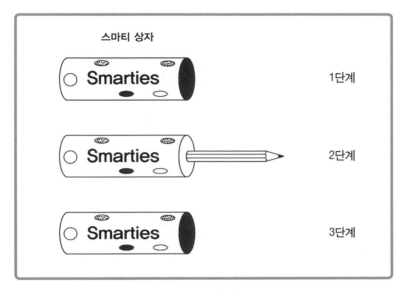

스마티 상자

Smarties   1단계

Smarties   2단계

Smarties   3단계

[그림 3-20] 스마티 과제

출처: Mitchell (1997).

시가 초록 상자에서 찾을 것이라고 답하였다.

퍼너, 리캄과 위머(Perner, Leekam, & Wimmer, 1987)가 고안한 스마티 과제([그림 3-20] 참조)에서는 먼저 스마티 초콜릿 상자를 아이에게 보여 주면서 "여기에 무엇이 있겠니?"라고 질문하였다(1단계). 대개 스마티가 있다고 대답하였다. 그 후 상자를 열어서 스마티가 아니라 연필이 들어 있는 것을 보여 주었다(2단계). 3단계에서 상자를 닫은 후 "아까 이 상자에 무엇이 들어 있다고 생각했니?" "이 상자를 네 친구에게 보여 주면 무엇이 들어 있다고 생각하겠니?"라고 질문하였다. 이 과제에서 3~3.5세 아동은 상자를 열어 보기 전에 스마티가 있다고 생각한다고 답을 했음에도 불구하고, 상자 속에 연필이 들어 있

는 것을 보고 나서는 상자를 열어 보기 전에도 연필이 들어 있다고 생
각했다고 답하였다. 또 상자를 처음 본 자신의 친구도 이 상자에 연필
이 있다고 생각할 것이라고 답하였다. 이에 반해, 3.5~4세 아동은 상
자를 열어 보기 전에 스마티가 있다고 생각했다고 정답을 말하였으며,
이 상자를 처음 본 자신의 친구도 상자에 스마티가 들어 있다고 생각
한다고 답하였다. 이 결과는 위머와 퍼너(1983)의 결과와 함께, 3세
아동은 틀린 믿음을 이해하지 못하며, 4세 무렵에 틀린 믿음을 이해
하기 시작한다는 것을 보여 준다.

퍼너와 동료들(1987)의 연구를 시작으로, 많은 연구자가 맥시 과제
와 스마티 과제를 약간 변형하거나 학습을 시키거나 하여 반복연구
를 하였는데, 4세가 되기 이전의 아동은 이 과제를 해결하지 못한다
고 일관된 결과가 나타났다(Gopnik & Astington, 1988; Moses & Flavell,
1990). 우리 아동을 대상으로 한 김혜리(1997)의 연구에서도 3세 아동
은 맥시 과제를 해결하지 못하였다. 맥시 과제에서 물건을 새로운 장
소로 옮기지 않고 가져가 버리거나 먹어 버린 경우나, 물건을 찾기 위
해 자신이 물건을 놓아두었던 장소에 가서 보고는 깜짝 놀라는 반응
을 한다는 내용을 첨가한 경우(이는 주인공의 생각과는 달리 물건이 그
곳에 없다는 사실을 암시한 것임)에도 3세 아동은 정답을 말하지 못하였
다. 또 주인공은 다른 사람이 물건을 다른 장소로 옮기는 것을 보지
못했다는 사실을 확인해 주거나, 다른 사람이 주인공을 속이기 위해
일부러 물건을 다른 장소로 옮겼다고 이야기를 해 주어도(이는 주인공
이 틀린 생각을 하게 된다는 것을 암시한 것임), 3세 아동은 "주인공은 자

신이 물건을 놓아두었던 처음 장소에 있지 않고 옮겨진 새로운 장소에 있다고 생각한다."라고 답하였다.

그러나 퍼너의 틀린 믿음 과제에는 추론해야 할 정보가 지나치게 많고 또 질문 방식이 실험자의 의도를 제대로 전달하지 못할 수 있다는 문제점이 있다. 이를 보완한 여러 연구에서는 3.5세 정도 된 아동도 정답을 말할 수 있다고 보고되었다. 예를 들어, 질문 방식을 약간 바꾸어 **"상자를 열어 보기 전에**, 상자에 무엇이 있다고 생각했었니?" 라고 질문하여 질문하는 시점을 명확하게 하거나(Lewis & Osborne, 1990), 물건의 위치나 내용이 변경되는 일련의 사건 진행 과정을 아동이 이야기할 수 있을 정도로 확실하게 기억하게 하거나 기억인출 단서를 주면(Freeman & Lacohée, 1995; Lewis, Freeman, Hagestadt, & Douglas, 1994), 3.5세 정도의 아동도 정답을 말할 수 있었다.

1980년대부터 1990년대까지 틀린 믿음 과제를 사용한 연구가 여러 나라에서 매우 활발하게 수행되었지만, 과제 제시 방법이나 질문 방식, 결과 등에서 차이가 있었기에 이러한 연구가 수렴적인 결과를 보여 주는 것인지 확인할 필요가 있다. 이를 위해 웰먼, 크로스와 왓슨(Wellman, Cross, & Watson, 2001)은 1998년까지 수행된 틀린 믿음 과제를 사용한 500개 정도의 연구 결과를 메타분석하였다. 그 결과, 2~3세 전반까지의 아동은 틀린 믿음 과제를 해결하지 못하며, 3.5세 이후부터는 연령이 증가함에 따라 과제를 성공적으로 수행하는 정도가 증가하는 것으로 나타났다.

이와 같이 언어 능력이 요구되는 과제를 사용하였을 경우, 만 4세 전후에 틀린 믿음 과제를 해결할 수 있으며, 나이가 더 들면 틀린 믿음 과제를 더 잘 해결하였다. 연구 결과를 정리하면, 아동은 적어도 4세 정도가 되어야 '사람은 누구나 어떤 사실에 대해 틀린 믿음을 가질 수 있다'는 사실을 분명하게 이해하기 시작한다.

한편, 언어 능력이 요구되지 않는 과제를 사용하였을 경우, 생후 15개월 된 아동이 틀린 믿음 개념을 암묵적으로 이해한다는 것을 보여 주는 증거도 있다. 오니쉬와 베일라종(Onishi & Baillargeon, 2005)은 물건의 장소가 바뀌는 틀린 믿음 과제를 언어 능력이 제한된 생후 15개월 된 어린 아동에게 적합하게 각색하여 연구하였다. 행위자가 장난감을 한 상자에 넣었으나 그 후 행위자가 없는 동안 장난감이 다른 상자로 옮겨졌을 때, 행위자가 장난감을 자신이 넣어 두었던 장소에서 찾을 것으로 아동이 기대하는지를 기대 위반 패러다임을 사용하여 연구하였다. 그 연구 절차를 [그림 3-21]에 제시하였다.

먼저, 행위자가 한 상자에 장난감을 넣었다는 것을 아동에게 인식시키기 위해 세 번의 시행에 걸쳐 다음과 같은 장면을 보여 줌으로써 아동들을 그 장면에 친숙화시켰다. 첫 시행에서는 행위자가 초록 상자에 장난감을 넣는 장면에 친숙화시켰고, 이후 두 시행에서는 행위자가 이 장난감을 꺼내려는 듯이 초록 상자에 손을 넣는 장면에 친숙화시켰다. 세 번의 시행에 걸친 친숙화를 통해 아동들은 행위자가 장난감을 초록 상자에 넣었다는 것을 인식하게 될 것이다.

이어서 믿음을 유도하는 시행을 실시하였는데, 이는 네 가지 조건으로 실시하였다([그림 3-21] 참조). **옳은 믿음-초록** 조건에서는 노란

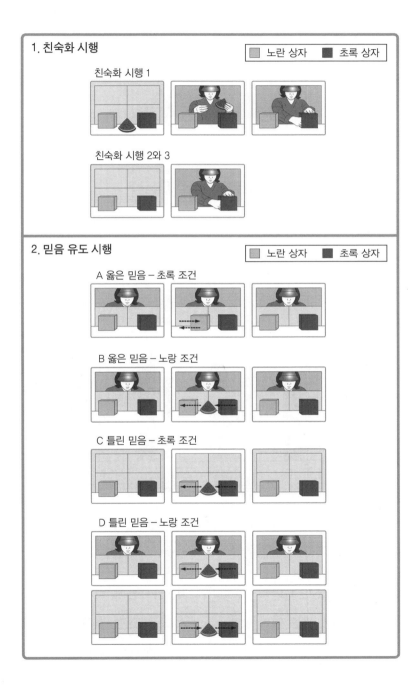

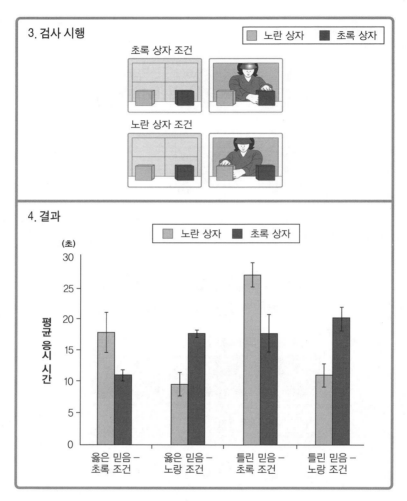

[그림 3-21] 오니쉬와 베일라종 (2005)의 연구 절차 및 결과

출처: Onishi & Baillargeon (2005).

상자가 초록 상자 쪽으로 이동했다가 되돌아오는데, 이 과정을 행위
자가 스크린의 위쪽 열린 공간을 통해서 보고 있다. **옳은 믿음-노랑**
조건에서는 행위자가 보고 있는 동안 장난감이 초록 상자에서 나와서

노란 상자로 들어가는 내용을 보여 주었다. 따라서 장난감이 있는 장소가 노란 상자로 바뀐 것을 행위자가 아는 상황이다. **틀린 믿음-초록** 조건에서는 장난감이 초록 상자에서 나와서 노란 상자로 들어가는데, 스크린이 막고 있어 행위자가 이 과정을 볼 수 없다. 따라서 행위자는 장난감이 초록 상자에 있다고 틀린 믿음을 가지게 되는 상황이다. 마지막으로, **틀린 믿음-노랑** 조건에서는 행위자가 무대를 보고 있을 때 장난감이 초록 상자에서 나와서 노란 상자로 들어간다. 그 후 스크린이 막고 있어 행위자가 볼 수 없는 상황에서, 장난감이 노란 상자에서 나와서 초록 상자로 들어간다. 이 조건에서는 행위자는 장난감이 초록 상자로 들어가는 것을 보지 못했으므로 여전히 노란 상자에 있다고 틀린 믿음을 가지게 되는 상황이다.

검사 시행에서는 행위자가 노란 상자에 손을 넣는 장면, 또는 초록 상자에 손을 넣는 장면을 제시하였다. 생후 15개월 된 아동이 옳은 믿음과 틀린 믿음을 이해한다면 검사 시행에서의 응시 시간은 다음과 같을 것이다. **옳은 믿음-초록** 조건에서는 행위자가 초록 상자에 장난감이 있다고 생각할 것이므로 노란 상자에 손을 넣는 것은 생각과 일치하지 않는 장면이다. 따라서 이 장면을 오래 응시할 것이다. 반면, 초록 상자에 손을 넣는 것은 기대에 일치하는 장면이므로 응시 시간이 짧을 것이다. **옳은 믿음-노랑** 조건에서는 반대의 결과가 예상된다. 또 **틀린 믿음-초록** 조건에서는 장난감이 노란 상자로 이동하는 것을 행위자가 보지 못하였다. 행위자는 자신이 장난감을 넣었던 초록 상자에 여전히 장난감이 있다고 생각할 것이다. 따라서 노란 상자에 손을 넣는 검사 시행에서는 응시 시간이 길 것이다. 반대로, **틀린 믿음-노랑** 조건에서는 초록 상자에 손을 넣는 검사 시행에서 응시 시간이 길 것이다.

[그림 3-21]의 D에 결과를 제시하였는데, 놀라울 정도로 예상과 일치하는 결과가 나타났다. 생후 15개월 된 아동들은 검사 시행에서 행위자의 믿음과 일치하지 않는 상자에 행위자가 손을 넣은 장면을 더 오래 응시하였다. 즉, 아동들은 행위자가 어떤 상자에 손을 넣을 것인지를 장난감의 위치에 대한 행위자의 옳은 믿음뿐만 아니라 틀린 믿음에 기초하여 예측할 수 있었다. 이는 생후 15개월 된 어린 아동이 틀린 믿음을 이해할 수 있음을 보여 주는 것으로 해석할 수 있다.

4세 무렵이 되어야 이해할 수 있는 틀린 믿음을 생후 15개월 된 아동이 이해한다는 것을 보여 주는 오니쉬와 베일라종의 연구 결과를 어떻게 이해해야 할까? 오니쉬와 베일라종(2005)이 보여 준 생후 15개월 된 어린 아동의 반응은 행위자가 자신의 틀린 믿음에 어긋나는 행동을 했을 때 이에 주의하여 더 오래 응시하는 것이었다. 이러한 반응을 생후 15개월 된 아동이 했다는 것은, 행위자가 자신의 틀린 믿음에 어긋나는 행동을 하는 것을 이상하다고 인식했다는 의미이므로 행위자의 틀린 믿음을 이해한다고 보는 것이 타당할 것이다. 그러나 이러한 반응은 응시 시간에서만 볼 수 있는 반응이다. 생후 15개월 된 아동들에게 오니쉬와 베일라종의 연구에서 틀린 믿음을 유도하기 위해 사용한 장면을 보여 주고 "행위자는 장난감을 가지러 어디로 갈까?"라고 질문하면, 이 아동들은 정답을 말하지 못한다. 이러한 과제에 답하기 위해서는 행위자의 마음을 읽는 것이 의식과정 안에서 이루어져야 한다. 생후 15개월 된 아동이 행위자의 틀린 믿음을 추론하는 과정은 의식적인 추론과정이 아닌, 의식하지 않고 진행되는 암묵적인(implicit) 과정으로 볼 수 있다(Baillargeon, Scott, & Bian, 2016). 만 2세가 채 되지 않은 어린 아동도 암묵적으로 틀린 믿음을 파악할 수 있지만, 의식과정 안에서 상대방의 틀린 믿음을 읽게 되는 데는 이후 2년간의 다양한 경험이 필요할 것이다. 예를 들어, 양육자나 형제자매와의 상호작용 속에서 상대방의 마음을 읽어야 하는 다양한 상황을 접하고, 마음에 대해 이야기하는 것을 듣거나 질문을 받는 경험(예: "화났니?" "찾는 것이 여기 있다고 생각했었니?" 등)이 필요하다.

이 절에서는 말을 하기 시작하였으나 아직 만 2세가 되지 않은 어린 아동부터 생후 4~5세의 학령전기 아동까지의 마음읽기 능력에 대해 알아보았다. 18개월 된 아동은 어떤 사실을 보거나 들어야 그 사실에 대해 알게 된다는 것을 초보적인 수준에서 이해하며, 자신과는 다른 선호를 가진 사람이 원하는 것이 무엇인지 그 마음을 읽을 수 있다. 만 2세 무렵부터 스스로 가장을 할 수 있으며, 다른 아이가 가장놀이를 하는 것을 보면 웃으면서 자신도 같이 참여한다. 이는 다른 아이가 가장놀이를 하면서 놀자고 제안하고 있음을 이해하는 수준에서 상대방의 마음을 읽을 수 있음을 시사한다.

2세 아동은 말을 하기 시작하면서 지각하거나 바라거나 느끼는 것 등 자신의 마음 상태에 대해 말하기 시작하며, 이러한 마음 상태 간의 관계를 이해하기 시작한다. 예를 들어, 강아지를 학교에 데려가고 싶어 하는 아이가 강아지를 차고에서 찾았다면 학교로 갈 것이고, 차고에서 찾지 못했다면 다른 곳에서 찾아볼 것이라고 말하는데, 이는 바람으로 행동을 예측하는 것이다. 3세 아동은 시선 방향에서 사람이 무엇을 보고 있는지 알아낼 수 있을 뿐만 아니라, 시선 방향에서 그 사람이 무엇을 원하는지를 읽을 수 있다. 또한 보는 것과 아는 것 간의 관계를 이해하게 된다. 곧, 스티커를 숨긴 사람은 스티커가 어디에 있는지 알지만, 스티커를 숨기는 과정을 보지 못한 사람은 스티커가 어디에 있는지 모른다는 사실도 알게 된다. 사람의 옳은 믿음으로 그 사람의 행동을 예측할 수 있어서, 원하는 물건이 A 또는 B에 있지만 B에 있다고 생각하는 사람은 물건을 가지러 B로 갈 것이라고 예측할 수 있다. 그러나 틀린 믿음으로 그 사람의 행동을 예측하는 것은 4세가 되어야 할 수 있다.

정리하면, 학령전기 동안 아동은 점차 정확하게 믿음을 포함한 다양한 마음 상태를 머릿속에서 생각할 수 있게 되며, 또 다른 사람의 믿음을 읽어 내서 그 사람의 행동을 추론할 수 있게 된다.[1]

다음 절에서는 학령기와 그 이후의 마음읽기 능력의 발달에 대해 알아볼 것이다.

---

[1] 이러한 변화에 대한 이론적 설명은 이 책이 다루고자 하는 범위를 벗어나므로 여기서는 기술하지 않겠다. 이에 대해 관심이 있는 분들은 Bartsch와 Wellman(1995), Wellman(1990)을 참조하기 바란다.

3) 학령기와 그 이후

마음읽기 능력에 대한 많은 연구는 생후 수개월 된 영아부터 만 5세까지의 아동을 대상으로 하였다. 이 연구에서는 사람의 행동을 보고 그 사람의 믿음(생각)을 자신의 마음속에 표상하여(즉, 상위표상하여) 읽는 능력이 언어적 표현이나 행동에 외현적으로 분명하게 나타나는 시기가 4세 무렵부터임을 보여 주고 있다. 그렇다면 마음읽기 능력은 4~5세 무렵인 학령전기에 완성된다고 볼 수 있는가? 그렇지 않다. 학령기 동안 마음읽기 능력은 더 정교해진다. 학령기 동안 정교해지는 마음읽기 능력은 다음 세 가지 측면으로 정리할 수 있다.

첫째, 어떤 사람의 마음 상태에 대해 또 다른 사람이 어떤 생각을 하는지를 파악하는 능력인 이차순위 마음 상태 읽기 능력이 발달한다.

둘째, 상대방의 마음 상태를 알려 주는 뚜렷한 단서가 없는 상황에서도 상대방의 마음을 읽는 능력이 발달한다.

셋째, 얼굴 표정이나 목소리 등에서 사람의 마음을 읽는 능력도 학령기 동안 크게 발달한다.

(1) 이차순위 마음 상태 읽기

앞 절에서 보았던 마음읽기 능력에 대한 연구는 주로 물건이 있는 위치나 상자 안에 들어 있는 내용물에 대한 생각과 같이 사람들이 특정 상황에 대해 '생각하는(믿는)' '아는/모르는'과 같은 마음 상태를 다루었다. 그러나 우리는 특정 상황에 대해서만 생각하는 것이 아니라 마음 상태에 대해서도 생각한다. 예를 들어, 생일파티가 이미 끝난 상황임을 지원이가 알게 되었다는 사실을 희진이는 모르고 있음을 파악하는 것은 지원이의 마음(예: 생일파티가 끝났다는 것을 알고 있음)에 대한 희진이의 마음(예: 지원이가 알고 있다는 것을 모름)을 읽는 것이다. 이와 같이 다른 사람의 마음 상태에 대한 또 다른 사람의 마음 상태를 읽어야 하는 일은 우리의 일상에서 흔하게 일어난다. 왜냐하면 일상에서 우리는 어떤 한 사람이 아닌 몇몇 사람과 상호작용할 뿐만 아니라, 내가 상호작용하는 사람들 또한 다른 사람들과 상호작용하므로, A의 마음에 대한 B, C 등 몇몇 다른 사람의 마음을 읽어야 하는 일이 흔하게 일어나기 때문이다.

다른 사람의 마음 상태에 대한 또 다른 사람의 마음 상태(예: A의 생각에 대한 B의 생각)를 '이차순위(second-order) 마음 상태'라고 한다. 이차순위 마음 상태에 대비하여 특정 상황에 대한 마음 상태는 '일차순위 마음 상태'라고 한다. 다른 사람의 일차순위 마음 상태를 읽는 능력의 발달에 대해서는 앞 절에서 보았다. 일차순위 마음 상태를 읽는 것은 특정 상황에 대한 A의 마음을 읽는 것이지만, 이차순위 마음 상태를 읽는 것은 특정 상황에 대한 A의 마음에 대한 B의 마음을 읽어야 하는 것이므로 사고과정이 더 복잡하다. 따라서 이차순위 마음 상태를 읽는 것은 물건의 위치에 대해 잘못 생각하는 일차순위 틀린 믿음을 읽는 것보다 발달상으로 더 늦은 나이에 가능할 것으로 예측할 수 있다. 실제로, 여러 연구에 의하면 이차순위 틀린 믿음은 6세 무렵에 읽기 시작한다(Astington, Pelletier, & Homer, 2002; Perner

& Wimmer, 1985; Sullivan, Zaitchik, & Tager-Flusberg, 1994).

이차순위 틀린 믿음을 읽는 능력은 다음과 같은 에피소드를 사용하여 알아볼 수 있다.

에피소드

두 명의 등장인물 A와 B가 공원에서 놀다가 아이스크림 차를 보았다. A는 아이스크림을 먹고 싶었지만 돈을 집에 두고 왔으므로, 돈을 가지러 집으로 갔다. 그사이, 공원에 혼자 남아 있던 B는 아이스크림 아저씨가 "아이스크림 사는 사람도 없네. 사람이 많이 오는 학교 앞으로 가야겠어."라고 말하면서 학교 쪽으로 가는 것을 보았다. 집으로 가고 있던 A는 자신의 집 근처에서 아이스크림 아저씨를 만났다. 아이스크림 아저씨에게 어디로 가냐고 물으니 학교 앞으로 간다고 말했다. 집에 들어간 A는 돈을 들고 아이스크림을 사러 나갔다. 잠시 후 공원에서 혼자 놀던 B는 A와 놀기 위해 A의 집으로 갔는데, A는 집에 없었다. A의 엄마는 A가 아이스크림을 사러 나갔다고 말했다.

퍼너와 위머(Perner & Wimmer, 1985)는 5~10세 아동에게 다음과 같은 에피소드를 들려준 후 "B는 A를 만나러 어디로 갈까?"라고 질문하였다. 이 질문에 정확한 답을 하기 위해 아동은 아이스크림 차의 실제 위치(즉, 학교 앞)를 A가 알고 있다는 것을 B는 모른다는 사실을 파악할 수 있어야 한다. 즉, A의 생각에 대한 B의 생각을 읽을 수 있어야 한다. 연구 결과, 5세 아동은 B가 학교 앞으로 갈 것이라고 틀린 답을 하였으나, 6~7세 아동은 에피소드의 내용을 잘 기억하도록 촉진하면 'B는 A가 아이스크림 차가 공원에 있다고 생각할 것'임을 파악하여 공원으로 갈 것이라고 정확한 답을 하는 비율이 50%가 넘었다. 일부 연구에서는 5세 후반 아동도 이차순위 틀린 믿음을 읽을 수 있다는 것을 보고하고 있으나(Sullivan, Zaitchik, & Tager-Flusberg, 1994), 더 이른 시기에 이차순위 틀린 믿음을 읽을 수 있다는 결과를 보고한 연구는 없다.

이수미, 김혜리와 김아름(2007)은 한국 아동을 대상으로 일차순위 마음을 이해하는 것과 이차순위 마음을 이해하는 것 간에 발달적 시차가 있는지를 알아보기 위해 5세, 7세, 9세, 11세, 13세 아동에게 [그림 3-22]에 제시된 에피소드를 그림과 함께 제시하였다. 이 에피소드

A: 엄마가 국효 생일선물로 장난감 자동차를 사 가지고 집에 들어왔다.
B: 엄마가 방에 들어온 후, 국효가 엄마에게 생일선물로 무엇을 사 왔냐고 묻자, 엄마는 국효를 놀려 주려고 "네가 무서워하는 벌레 책 샀지."라고 이야기했다.
C: 엄마가 방을 나간 후, 국효는 우연히 엄마 가방에 자동차 장난감이 들어 있는 것을 봤다. 국효는 "엄마가 자동차 장난감을 샀네." 하면서 좋아했다.
D: 저녁에 아빠가 퇴근하고 와서 엄마에게 "국효는 당신이 어떤 선물을 샀다고 생각하고 있어?"라고 묻는다.

[그림 3-22] 이수미 등(2007)에서 사용된 이차순위 틀린 믿음 과제의 에피소드

출처: 이수미 외(2007).

는 엄마가 아들 국효의 생일선물로 장난감 자동차를 샀지만 국효에게
는 벌레 책을 샀다고 말하고 방을 나갔는데, 잠시 후 엄마가 없는 사
이에 국효가 엄마의 가방에서 자동차 장난감을 보게 되는 내용이다.

　에피소드를 제시한 후 아동에게 다음과 같은 일차순위 마음과 이
차순위 마음을 묻는 질문을 각각 두 개씩 하였다.

> 일차순위 마음 질문 1: 엄마는 국효가 자동차 장난감을 보았다고
> 　　생각할까?
> 일차순위 마음 질문 2: 국효는 생일선물로 무엇을 받을 것이라고
> 　　생각할까?
> 이차순위 마음 질문 1: 선물로 자동차 장난감을 받을 것이라고 국
> 　　효가 생각하는 것을 엄마가 알까?
> 이차순위 마음 질문 2: 아빠가 엄마에게 "국효는 엄마가 어떤 선물
> 　　을 샀다고 생각하고 있어?"라고 물으면 엄
> 　　마는 뭐라고 답할까?

　[그림 3-23]에 연구 결과를 제시하였다. 일차순위 마음 상태를 묻
는 질문에는 5세부터 80% 정도의 정답률을 보였으나, 이차순위 마음
상태를 묻는 질문에는 5세 아동이 약 54%의 정답률을 보였으며, 7세
와 9세는 약 70%, 11세와 13세는 85% 이상의 정답률을 보였다. 이는
일차순위 마음은 참가자 중 가장 어린 5세 아동도 대부분 읽을 수 있
는 데 반해, 이차순위 마음은 7세부터 읽을 수 있으며 그 이후 11세까

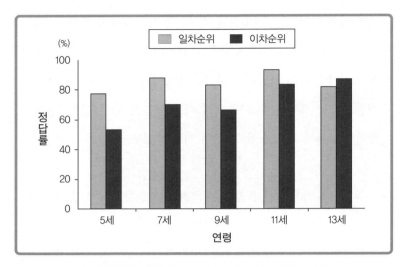

[그림 3-23] 일차순위와 이차순위 마음 상태 질문에 대한 정답률

출처: 이수미 외(2007).

지도 마음읽기가 향상됨을 보여 준다.

(2) 마음 상태에 대한 뚜렷한 단서가 없는 상황에서의 마음읽기

학령기에는 마음 상태를 알려 주는 뚜렷한 단서가 없는 상황에서 마음을 읽어 내는 고차적인 마음읽기 능력이 발달한다. 이러한 능력으로는 세 가지를 들 수 있다.

첫째, 여러 가지 의미로 해석될 수 있는 모호한 행동을 다양한 의미로 해석할 수 있는 능력이 있다.

둘째, 참뜻이 숨겨진 말(예: 풍자하는 말)을 말 그대로 이해하지 않고 그 숨은 뜻을 파악하는 능력이 있다.

셋째, 말하는 이가 상대방에 대한 특정 사실을 알지 못한 결과, 상

대방의 기분을 나쁘게 하는 헛디딤 말(fausx pas; 예: 씩씩해 보이는 여자 아이에게 여자인 줄 모르고 '남자'라고 말함)을 했을 때, 이 말은 상대방의 기분을 상하게 하려고 한 것이 아니고 단순한 말실수였음을 이해하는 능력이라고 할 수 있다.

의미가 분명하게 드러나지 않는 모호한 행동의 의미를 다양하게 해석하는 능력은 다음과 같은 행동을 어떻게 이해하는지로 파악할 수 있다. 예를 들어, **놀이터에서 그네를 타고 있는 소녀를 바라보고 있던 두 소녀가 갑자기 서로 눈짓을 하면서 미소를 지은 후 일어나서 그네를 타고 있는 소녀 쪽으로 다가가는 상황**을 생각해 보자. 이 두 소녀의 행동은 그네를 타고 있는 소녀와 함께 놀고 싶다는 생각에서 다가가는 것으로 해석될 수도 있고, 그네를 뺏으려는 생각에서 다가가는 것으로 해석될 수도 있는 모호한 행동이다.

보사키와 애스팅톤(Bosacki & Astington, 1999)은 이러한 행동을 하고 있는 인물에 대한 이야기를 만 11~12세 아동에게 들려준 후 두 소녀가 왜 서로 눈짓을 했는지, 왜 그네를 타고 있는 소녀 쪽으로 갔는지, 그네를 타고 있는 소녀는 다른 두 소녀가 왜 자신을 향해 온다고 생각할 것인지, 이 상황을 달리 볼 수도 있는지 등에 대해 질문하였다. 아동이 눈짓을 하는 행동을 상대방에게 함께 놀고 싶다는(또는 그네를 뺏으려는) 마음을 전달하는 것으로 해석하는지, 두 소녀는 함께 놀고 싶어서 다가가지만 그네를 타고 있는 소녀는 그 아이들이 자신을 괴롭히러 오는 것으로 생각할 수도 있고, 반대로 두 소녀는 그네를 뺏으려고 다가가지만 그네를 타고 있는 소녀는 같이 놀자고 오는 것으로 해석할 수 있는지 등을 기준으로 점수화하였다. 그 결과, 모호한 행동의 의미를 파악하는 능력이 11~12세 아동 사이에서도 개인차가 있는 것으로 밝혀졌다. 유사한 과제를 사용한 오코너와 히르슈(O'Connor & Hirsch, 1999)에서도 중학교 1학년(12~13세) 아동 간에 개인차가 있어서 일부 아동은 모호한 행동을 마음과 관련하여 다양하게 해석하였으나, 일부 아동은 잘하지 못하였다.

마음 상태를 알려 주는 뚜렷한 단서가 없는 상황에서 마음을 읽는 또 다른 능력은 말을 문자 그대로 이해하지 않고 숨은 뜻을 알아내는 능력이다. 여기에는 선의의 거짓말(예: 마음에 안 드는 선물을 받고 "정말 멋져."라고 말하는 것), 풍자(예: 버릇없는 아이에게 "너 참 예의 바르구나."라고 말하는 것), 농담(예: 친구의 새로운 핸드폰을 보고 "핸드폰이 아니고 냉장고네."라고 말하는 것)과 같은 말의 진정한 의미를 파악하는 것이 포함된다. 선의의 거짓말이나 풍자는 말의 숨은 뜻을 알아내기 위해서는, 말하는 이가 자신의 말에 대해 상대방이 어떤 반응을 할 것인지를 미리 예상하고서 의도적으로 말하고 있다는 사실을 알아야 한다. 예를 들어, 버릇없는 아이에게 "참 예의 바르구나."라고 말하는 사람은 아이가 그 말을 듣고 자신의 행동에 대해 무엇인가 느낄 것(반성할 것)임을 생각하여 말하고 있다는 것을 알아야 말의 숨은 뜻을 이해할 수 있는 것이다. 즉, 마음읽기를 할 수 있어야 말의 숨은 뜻을 이해할 수 있다.

아동이 말의 숨은 뜻을 이해하는지 알아보기 위해 하페(Happé, 1994)는 이야기 주인공이 사실과 다른 말, 예를 들어 버릇없는 아이에게 어른이 "너 참 예의 바르구나."라고 말하는 것과 같은 다양한 이야기를 6~9세 사이의 아동에게 들려준 후 이야기 속 어른이 한 말이 사실인지, 왜 그런 말을 했는지를 질문하였다. 말의 숨은 뜻을 이해할 수 있다면 '예의 바르다'는 말은 사실과 다른 말이며, "간접적으로 야단치기 위해서 사실과 다른 말을 했다."라고 답할 것인데, 6~9세 사이의 아동이 정답을 말한 비율은 약 70%였다.

상대방을 기분 나쁘게 하려는 의도는 없었지만, 말하는 이가 상대방에 대해 잘 알지 못하여 상대방의 기분을 상하게 하는 헛디딤 말을 했을 때 이것이 나쁜 의도에서 한 말이 아니고 실수였음을 아는 데도 마음을 읽는 능력이 필요하다. 예를 들어, 여자아이에게 여자인 줄 모르고 "어느 집 아들인지 씩씩하구나."라고 말했을 때, 여자아이의 기분을 나쁘게 만들 수 있는 이 말이 기분 나쁘게 하려는 의도로 한 것이 아님을 알기 위해서는, 상대방이 여자아이라는 사실을 말하는 사람이 알지 못하고 있었다는 것을 이해할 수 있어야 한다. 즉, 상대방에 대한 말하는 사람의 마음 상태를 읽을 수 있어야 한다.

바론코헨, 오리오던, 스톤, 존스와 플레이스티드(Baron-Cohen, O'Riordan, Stone, Jones, & Plaisted, 1999)는 헛디딤 말을 이해하는 능력을 평가하기 위한 과제를 개발하였다. 예를 들어, 주인공인 여자아이에게 남자라고 말하는 상황에 대해 이야기해 준 후, 이야기 속에 이상한 말 또는 해서는 안 되는 말이 있는지, 또 그것이 무엇인지를 질문하였다. 헛디딤 말은 말하는 이가 상대방에 대해 특정 사실을 알지 못한 결과, 의도하지 않았지만 실수로 상대방의 기분을 나쁘게 하는 내용의 말을 하게 된 것임을 이해한다면, 여자아이에게 남자라고 한 말은 실수였음을 알아챌 수 있을 것이다. 바론코헨과 동료들은 7세, 9세, 11세의 일반 아동과 언어정신연령이 13세 정도 되는 고기능 자폐 스펙트럼 장애 청년을 대상으로 연구하였는데, 7세 일반 아동과 자폐 스펙트럼 장애 청년은 헛디딤 말을 잘 탐지하지 못하였으나 (10 과제 중 7세 일반 아동은 평균 3.4 과제, 자폐 스펙트럼 장애 청년은 4.9 과제에 정답), 11세 일반 아동은 상당히 잘 탐지할 수 있었으며(평균 8.2 과제), 9세는 어느 정도(평균 5.9 과제) 탐지할 수 있는 것으로 나타났다.

앞서 보았듯이, 마음 상태를 알려 주는 뚜렷한 단서가 없는 상황에서 마음 상태를 읽는 능력, 즉 모호한 행동, 숨은 말뜻 그리고 헛디딤 말을 이해하는 능력은 9~10세 무렵에 발달하는 것으로 보인다. 김혜리 등(2007)은 이러한 세 가지 능력이 언제부터 어느 정도로 발달하는지, 발달적 변화가 일어나는 시기에 차이가 있는지, 또 성인 수준으로 발달하는 시점이 언제인지를 찾아보기 위해 7세, 9세, 11세 아동과 13세 청소년 그리고 대학생을 대상으로 연구하였다. 모호한 행동 과제로는 보사키와 애스팅톤(Bosacki & Astington, 1999)이 사용한 놀이터 상황의 에피소드 외에, 학교 운동장이나 교실 등에서 일상적으로 일어날 수 있는 세 가지 에피소드를 사용하였다. 예를 들어, 축구를 잘하지 못하는 아이를 경기에 출전할 사람으로 뽑는 내용, 수업 시간에 자신이 답하겠다고 가장 먼저 손을 든 아이 대신 선생님이 다른 아이를 시키는 에피소드 그리고 친한 친구가 다른 아이들과 즐겁게 이야기하면서 걸어오다가 자신을 보고도 못 본 척 지나가는 에피소드를 사용하였다.

숨은 말뜻을 이해하는 과제로는 하페(1994)의 과제를 토대로 다섯 가지 과제를 사용하였다. 선의의 거짓말(친구의 모습이 이상해 보이지만 예쁘다고 말함), 풍자 말(버릇없는 아이에게 예의 바르다고 말함), 오해의 말(지나가는 사람을 강도인 줄로 착각하여 가진 것을 다 주겠다고 말함), 오류의 말(다른 사람이 물건을 다른 장소로 옮긴 사실을 모르고, 자신이 놓아두었던 장소에 있는 물건을 가져다 달라고 말함) 그리고 이중속임 말(사실대로 말하면 보상을 주겠다고 경쟁자가 회유하지만, 자신의 말을 경쟁자가 믿지 않을 것으로 생각하여 경쟁자에게 사실대로 말함)의 진의를 파악해야 하는 과제를 사용하였다.

헛디딤 말을 이해하는 과제는 친구가 생일선물로 준 인형이라는 사실을 잊어버린 채 선물을 준 친구에게 그 인형을 싫어한다고 말하는 내용, 여자아이에게 여자인 줄 모르고 남자라고 말하는 내용, 짝꿍이 선생님의 아이라는 사실을 모르고 짝꿍에게 선생님 흉을 보는 내용 그리고 친구가 A라는 아이를 좋아한다는 사실을 모르고 친구에게 A를 흉보는 내용이었다.

여러 가지 의미로 해석될 수 있는 모호한 행동의 여러 의미를 파악하는 능력, 말의 숨은 뜻을 파악하는 능력 및 헛디딤 말을 이해하는 능력을 정확하게 파악하기 위해, 참가자에게 세 종류 과제의 에피소드를 이야기해 준 후 〈표 3-1〉에 제시된 것과 같이 질문을 다양하게 하였다. 세 종류 과제에서의 정답률을 [그림 3-24]에 제시하였는데, 모호한 행동을 마음 상태와 관련하여 이해하는 능력은 7세보다 9세가,

〈표 3-1〉 김혜리 등(2007)에서 사용된 세 종류 과제의 에피소드와 질문의 예

과제	에피소드	질문
모호한 행동 이해 과제: 수업 시간	수업 시간이야. 선생님이 질문을 하자 여러 명의 학생이 손을 들었어. 지수가 가장 먼저 손을 들었는데, 선생님은 지수의 이름을 부르지 않고 다른 아이의 이름을 불렀어.	1. 왜 선생님은 지수 이름을 부르지 않았을까? 2. 선생님은 어떤 생각을 하고 있을까? 3. 선생님은 어떤 기분일까? 4. 지수는 어떤 생각을 할까? 5. 지수는 어떤 기분일까? 6. 이 상황을 다르게 볼 수 있을까?
숨은 말뜻 이해 과제: 오류	엄마가 털실을 사 가지고 와서 빨강 실타래는 서랍에, 파랑 실타래는 바구니에 넣어 두고 방을 나갔어. 잠시 후 준기가 들어와 실타래를 가지고 놀다가 친구들이 부르자 빨강 실타래는 바구니에, 파랑 실타래는 서랍에 잘못 넣고 나갔어. 저녁이 되어, 스웨터를 뜨려고 엄마는 "빨간색 털실이 있어야겠네." 하시면서 형에게 "안방 서랍에 있는 털실 좀 갖다 주겠니?"라고 말했어. 형이 서랍의 털실을 꺼내 엄마에게 가져갔더니 엄마는 "아니, 왜 파란색 털실을 가져왔니?"라고 했어.	1. 빨간색 털실은 정말 안방 서랍에 있을까? 2. 엄마는 왜 안방 서랍에 있는 털실을 가져오라고 했을까? 3. 엄마가 "왜 파란색 털실을 가져왔니?"라고 말하는 것을 듣고, 형은 엄마가 빨간색 털실이 어디에 있다고 생각한다고 여길까? 4. 형의 생각은 맞는 걸까?
헛디딤 말 이해 과제: 생일선물	지원이와 하니는 친한 친구 사이야. 하니 생일에 지원이가 인형을 선물했어. 어느 날 지원이가 하니네 집에서 그 인형을 가지고 놀다가 인형 팔을 부러뜨렸어. 지원이가 하니에게 미안하다고 했더니, 하니는 "괜찮아. 그 인형은 전에 생일선물로 받은 건데, 난 그거 싫어해."라고 했어.	1. 하니는 왜 "그 인형은 전에 생일선물로 받은 건데, 난 그거 싫어해."라고 말했을까? 2. 하니는 그 인형이 지원이가 선물한 것이라는 사실을 알까? 3. 지원이가 그 인형을 선물했다는 사실을 알았다면(몰랐다면), 하니는 뭐라고 말했을까?

출처: 이수미 외(2007).

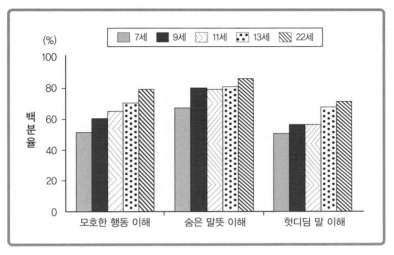

[그림 3-24] 세 종류 과제에 대한 수행의 발달

출처: 김혜리 외(2007).

13세보다 22세가 더 높았다. 즉, 22세까지 그 능력이 향상되었다. 숨
은 말뜻을 이해하는 능력은 7세 아동도 70%에 가까운 정답률을 보였
는데, 이는 학령기 초기부터 숨은 말뜻을 잘 파악한다는 것을 보여 준
다. 헛디딤 말 과제에서는 전반적으로 수행이 낮았는데, 13세가 60%
수준이었고 심지어 대학생도 70% 수준이었다. 이는 대학생도 실수로
한 말은 고의로 한 말이 아니라, 상대방에 관한 특정 정보를 알지 못
하여 실수로 한 말임을 파악하는 능력이 충분하지 못함을 보여 준다.

이상의 결과로 미루어 볼 때, 학령기에도 마음을 읽는 능력은 지속
적으로 향상되는데, 특히 여러 가지 의미로 해석될 수 있는 모호한 행
동의 여러 의미를 파악하는 능력과 헛디딤 말을 파악하는 능력은 성
인이 되기까지 지속적으로 향상된다. 유아기 및 학령전기의 마음읽

기 능력(pp. 72-112 참조) 절에서 보았듯이 사람들은 외부 상황을 마음속의 사실과 다르게 표상할 수 있으며, 그 표상이 틀린 것일지라도 자신의 표상에 따라 행동한다는 마음과 행동 간의 관계에 대해서는 틀린 믿음을 이해하게 되는 4세 무렵부터 분명하게 이해한다. 그러나 이러한 능력을 다양한 상황에 적용하여 마음을 읽는 일은 성인이 될 때까지도 계속 발달하는 것이다.

(3) 얼굴 표정에서 정서적 마음 상태 읽기

마음 상태에는 믿는, 바라는, 생각하는, 보는, 의도하는 등의 인지적인 마음 상태도 있지만, 기쁨, 슬픔, 무서움, 지루함, 놀람과 같은 정서적인 마음 상태도 있다. 마음은 "안다(knowing), 생각한다(thinking), 느낀다(feeling), 바란다(wanting) 등의 언어로 표현하는 마음 상태"로 정의되는데(Whiten & Perner, 1991), 이 정의에 "느낀다"가 포함된 것은 느낌이나 정서 상태도 마음의 한 측면임을 나타낸다. 제1장에서 보았던, 웰먼(1990)이 성인이 가지고 있을 것으로 가정하는 마음이론을 도식화한 [그림 1-1]에서도 마음에 믿음, 바람, 의도와 같은 마음 상태뿐만 아니라 정서 상태도 포함되어 있다. [그림 1-1]을 보면(p. 19 참조), 기본 정서와 인지적 정서가 마음이론의 핵심 개념으로 등장한다. 기본 정서는 **사랑, 미움, 무서움, 화** 등과 같이 가장 기본이 되는 정서이며, 인지적 정서는 마음 상태와 관련된 정서로 지루함, 놀람, 당황 등의 정서이다. **지루함**은 자신이 원하는 것을 할 수 없는 상태가 지속될 때 느끼는 정서이며, **놀람**은 자신이 믿고 있던 바와 일치하지 않는 일이 발생했을 때 그리고 **당황**은 자신이 의도한 것과 는 다른 결과가 나타났을 때 느끼는 정서인데, 모두 바람, 믿음, 의도 와 같은 인지적 마음 상태와 관련되어 경험되는 정서이다. 또 마음이 론을 그림으로 나타낸 [그림 1-1]에 따르면 바람, 믿음, 의도 등의 마 음 상태가 특정 행동을 일으키는 원인이 되는데, 바람은 기본 정서나 생리적 상태에 의해 일어난다. 믿음은 지각, 인지적 정서에 의해 영향 을 받을 뿐만 아니라, 바람에 영향을 주는 등 다양한 마음 상태가 상 호 관련된다. 따라서 마음을 이해하는 마음읽기 능력의 발달적 변화 를 파악하기 위해서는 마음의 또 다른 측면인 정서적 마음 상태에 대 해 아동이 언제부터 이해하는지도 다루어야 한다.

다른 사람의 정서 상태를 파악하기 위해서 우리는 흔히 얼굴 표 정을 본다. 이는 정서 경험이 얼굴 표정으로 나타나기 때문이다. 정 서 표현에 대해 최초로 연구한 사람은 다윈(Darwin, 1872)이다. 다윈 은 비글호 항해 중에 만났던 많은 사람의 얼굴 표정을 비교 분석하 여 분노, 기쁨, 공포 등의 정서에 대한 표현이 세계 곳곳에서 공통적 임을 발견하였다. 정서 표현이 모든 인간에게 보편적이므로 사람들 은 인종과 문화를 초월하여 다른 사람의 얼굴 표정에서 정서를 읽을 수 있다. 뉴기니의 고립된 지역에 사는 원주민은 백인들과 접촉한 적 도 없었고 백인이 나오는 영화를 본 적도 없었지만, 정서(기쁨, 분노, 혐오, 슬픔, 두려움, 놀람)를 유발하는 상황에 대한 이야기를 들려주면 이야기 속 주인공이 어떤 얼굴 표정을 할 것인지 백인의 얼굴 표정 사 진 중에서 고를 수 있었다(Ekman & Friesen, 1971). 이후의 연구(Izard

& Malatesta, 1987; Wallbott & Scherer, 1988)에서도 사람들이 인종을 초
월하여 얼굴 표정을 읽을 수 있다는 것이 밝혀졌다. 또한 얼굴 표정을
읽는 능력의 발달과정을 밝히려는 많은 연구에서는 2세 아동이 여러
얼굴 표정 사진 중에서 기쁜 얼굴과 슬픈 얼굴을 찾을 수 있으며, 5세
가 되면 보다 다양한 얼굴 표정을 이해하게 되어 기쁨, 슬픔, 분노, 혐
오 등을 나타내는 얼굴 표정을 읽을 수 있다고 보고하였다(Michalson
& Lewis, 1985).

앞서 살펴본 정서 표현의 보편성을 입증한 연구와 정서 표현을 읽
는 능력의 발달적 변화를 다룬 많은 연구는 대부분 기쁨, 슬픔, 분노
등의 기본 정서에 대해 연구하였다. 이러한 정서는 얼굴 표정으로 분
명하게 나타나고 또 쉽게 인식되는 기본 정서이다. 그러나 우리는 복
잡하고 미묘한 인지적 정서도 흔히 경험한다. 정서적 마음 상태는 자
신이 위장하려고 마음을 먹지 않는 한 얼굴에 어느 정도 드러나는데,
그 결과 다른 사람들도 우리의 정서적 마음 상태를 알아채게 된다. 예
를 들어, 내가 어떤 사람에 대해 '질투하는' 정서적 마음 상태일 경우,
다른 사람은 나의 얼굴 표정(날카로운 눈매 또는 안색 등)을 보고 내가
상대방을 싫어하고, 상대방에 대해 무관심하기보다는 관심을 가지고
있으며, 상대방이 잘 안 되기를 은근히 바라는 매우 복잡한 감정을 가
지고 있음을 알게 되기도 한다.

얼굴 표정에 나타나는 미묘하고 복잡한 정서적 마음 상태를 알아
내서 읽는 능력은 다른 사람이 말로 표현하지 않은 내적 상태까지 알
수 있도록 하므로, 이 능력은 다른 사람을 이해하고 다른 사람에게 적

절하게 반응하는 데 절실히 요구되는 능력이다. 얼굴 표정에서 미묘하고 복잡한 정서적 마음 상태를 읽는 능력에 대해 체계적으로 연구한 사람은 바론코헨과 동료들(Baron-Cohen, Wheelwright, & Jolliffe, 1997)이다. 바론코헨 등은 잡지에서 기쁨, 슬픔, 화남, 겁남과 같은 기본 정서와 혐오, 불안, 확신 등과 같은 복잡한 인지적 정서를 표현하고 있는 사진을 수집한 후, 연구원과 대학생을 대상으로 사진의 표정이 어떤 정서 상태를 나타내는 것인지에 대해 판단하게 하여 얼굴 표정과 정서 상태 간의 연결이 분명한 것으로 나타난 사진을 선정하였다. 이 선정된 사진을 차례로 대학생에게 제시하고 사진의 얼굴 표정을 잘 설명하는 어휘를 두 단어 중에서 선택하도록 하였다.

바론코헨 등(1997)은 사람들이 상대방의 마음(예: 무엇에 관심이 있

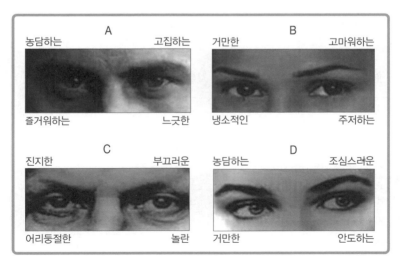

[그림 3-25] 바론코헨 등(2001)에서 사용된 과제의 예

출처: Baron-Cohen et al. (2003/2007).

는지, 무엇을 원하는지 등)을 파악하기 위해 눈을 응시하는(Phillips, Baron-Cohen, & Rutter, 1992) 것으로 보아 눈이 사람의 정서적 마음 상태를 전달한다고 보았다. 이들은 눈이 실제로 정서적 마음 상태를 잘 전달하는지 확인하기 위해 얼굴 표정 사진 전체를 제시하거나, 전체 얼굴에서 눈만 떼어 낸 눈 사진 또는 입만 떼어 낸 입 사진을 제시하였다. 기본 정서를 읽는 것은 눈이나 입만 제시한 사진보다 전체 얼굴을 제시한 사진에서 더 정확하였으나, 복잡하고 미묘한 인지적 정서를 읽는 것은 입만 제시한 조건보다 눈만 제시한 조건에서 더 정확하였으며, 전체 얼굴을 제시한 조건과는 차이가 없었다. 이후 바론코헨 등은 사진의 얼굴 표정을 잘 설명하는 어휘를 [그림 3-25]와 같이 네 단어 중에서 선택하는 것으로 변화시켜 연구하였다(Baron-Cohen, Wheelwright, Hill, Raste, & Plumb, 2001).

　바론코헨 등(1997, 2001)은 성인을 대상으로 연구하였으며, 얼굴 표

〈표 3-2〉 조경자 등(2007)의 연구에서 사용된 32개의 정서어휘

간절한	걱정하는	경멸하는	고통스러운
공포스러운	기쁜	냉담한	놀란
뉘우치는	당황한	멍한	무기력한
부러운	불안한	수치스러운	슬픈
싫은	안달하는	안심한	안타까운
열광하는	우울한	원하는	자신 있는
절망한	좋은	좌절하는	편안한
행복한	호기심 있는	화난	흐뭇한

출처: 조경자 외(2007).

정에서 정서적 마음 상태를 파악하는 능력의 발달적 변화를 다루지는 않았다. 조경자, 박수진, 송인혜와 김혜리(2007)는 얼굴 표정에서 정 서적 마음 상태를 파악하는 능력의 발달 변화를 알아보기 위해 3세 와 5세 아동 그리고 대학생을 대상으로 연구하였다. 이들은 선행 연 구에서 사용되었던 정서어휘를 토대로 221개의 어휘를 추출한 후, 이 어휘 중 믿음이나 바람과 관련된 정서 상태를 표현한 것으로 판단된 어휘 69개와 함께 기본 정서어휘 17개를 선정한 후 얼굴 표정을 통해 파악 가능한 정서 상태인지를 조사하여 최종적으로 〈표 3-2〉에 제시 된 32개의 정서어휘를 선정하였다. 이 32개의 정서를 표현하는 얼굴

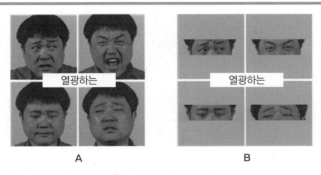

오늘은 아저씨네 마을의 운동회 날이에요. 줄다리기 시합에서 아저씨네 동네가 결 승전에 오르게 되었어요. 아저씨는 아저씨네 동네가 꼭 이겼으면 좋겠어요. 그래서 아 저씨네 동네가 이기라고 열심히 응원을 했어요. "우리 동네 이겨라. 우리 동네 이겨 라." 하고 목청 터져라 응원했어요.

C

[그림 3-26] 조경자 등(2007)의 연구에서 사용된 표정읽기 과제(정서어휘 '열광하는' 의 경우) A: '열광하는' 표정을 네 개의 얼굴 표정 사진에서 고르는 것임. B: '열광하 는' 표정을 네 개의 눈 표정 사진에서 고르는 것임. C: 3세, 5세 아동에게 제시된 '열광 하는' 정서에 대한 설명임.

출처: 조경자 외(2007).

표정을 수집하기 위해 연기 경력 4~5년 이상 된 남녀 배우 12명에게 각 표정을 짓도록 하여 촬영한 후 설문을 통해 정서어휘와 가장 적합한 표정을 보이는 배우의 표정을 자극으로 선정하여 사용하였다.

  얼굴 표정에서 정서적 마음 상태를 파악하는 정도를 알아보기 위해 대학생에게는 [그림 3-26]의 A와 같이 한 개의 정서어휘와 함께 네 개의 얼굴 표정 자극을 제시하여 정서어휘를 가장 잘 나타내는 얼굴 표정 사진을 고르도록 하였다. 다른 조건에서는 [그림 3-26]의 B와 같이 얼굴 표정 사진에서 눈 부위만 떼어 낸 네 개의 눈 표정 사진에서 고르도록 하였다. 3세와 5세 아동의 경우는 정서어휘에 대한 이해가 부족할 것이므로, 각 정서 상태를 이해하기 쉽게 하기 위해 32개의 각 정서 상태가 경험되는 상황을 이야기로 만들어 제시하였다. [그림 3-26]의 C에 '열광하는' 정서를 경험하게 되는 상황에 대한 이야기를 제시하였다.

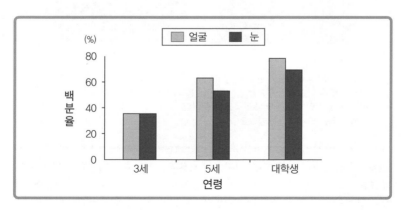

[그림 3-27] 조경자 등(2007)의 결과

출처: 조경자 외(2007).

이에 대한 연구 결과를 [그림 3-27]에 제시하였다. 3세 아동은 정답률이 30%가 되지 않았으며, 5세는 전체 얼굴 표정 조건에서는 60%가 넘었으나 눈 조건에서는 50% 수준이었다. 대학생의 경우는 두 조건 모두 70%가 넘었으나 전체 얼굴 표정 조건에서 더 정확하게 판단하였다. 이는 약 3세 무렵에는 상당수의 정서 표정을 읽지 못하지만 5세 무렵부터 정서읽기가 향상됨을 보여 준다. 그러나 대학생도 정답률이 80%가 넘을 정도로 잘하지는 못함을 보여 준다. 또한 5세 아동과 대학생 모두 눈 표정에서 정서를 파악하는 것은 얼굴에서 파악하는 것보다 부정확함을 보여 준다.

얼굴 표정에서 정서읽기 능력의 발달적 변화를 더 세밀하게 알아보기 위해, 이수미, 조경자와 김혜리(2012)는 5세, 7세, 9세, 11세, 13세와 대학생을 대상으로 조경자 등(2007)에서 사용하였던 동일한 자극

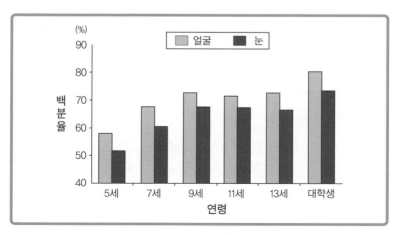

[그림 3-28] 이수미 등(2012)의 결과

출처: 이수미 외(2012).

을 사용하여 연령 집단별 수행을 비교하였다. [그림 3-28]에서 볼 수 있듯이 5세, 7세, 9세 집단까지는 나이가 더 많은 집단이 더 잘하였으나, 9세, 11세, 13세 집단 간에는 차이가 없었으며, 대학생은 다른 집단보다 더 잘하였다. 그러나 대학생 집단도 32개의 얼굴 표정을 다 정확하게 읽지는 못하였다. 이러한 결과는 얼굴 표정에서 정서적 마음 상태를 읽는 능력은 학령전기부터 대학까지 계속 향상됨을 보여 준다.

이 절에서는 학령기와 그 이후의 마음읽기 능력의 발달적 변화를 세 가지 측면에서 보았다.

첫째, 어떤 사람의 마음 상태에 대해 또 다른 사람이 어떤 생각을 하는지를 파악하는 능력인 이차순위 마음 상태를 읽는 능력이 발달한다. 이차순위 틀린 믿음을 읽는 것은 6~7세에 가능해지기 시작하지만 그 이후 11세까지도 향상되었다.

둘째, 상대방의 마음 상태를 알려 주는 뚜렷한 단서가 없는 상황에서 상대방의 마음 상태를 읽는 능력이 발달하는데, 모호한 행동을 마음 상태와 관련하여 이해하는 능력은 7세부터 22세까지 능력이 향상되었다. 숨은 말뜻을 이해하는 능력은 7세 무렵에도 상당히 잘하였으며, 그 이후에 향상되는 정도는 크지 않았다. 헛디딤 말은 고의로 한 말이 아니라 상대방에 관한 중요한 정보를 알지 못하여 실수로 한 말임을 11세까지도 잘 파악하지 못하였으며, 13세부터 파악하기 시작하였으나 대학생도 충분하게 파악하지는 못하였다.

셋째, 사람의 얼굴 표정에서 정서적 마음 상태를 읽는 능력도 학령기 및 그 이후까지 지속적으로 향상되었다.

이 책에서 가장 긴 부분인 제3장에서는 '마음읽기에 대한 심리학 연구'에 대해 폭넓게 보았다. 먼저, 마음읽기에 관한 연구의 기원이 되는 프리맥과 우드러프의 침팬지 연구에 대해 알아보았다. 프리맥과 우드러프는 사람이 의도나 바람, 생각과 같은 마음 상태를 가지고 있음을 침팬지가 어느 정도 이해한다는 것을 실험을 통해 보여 주었다. 또 이들은 자신과 타인이 마음 상태를 가지고 있다고 보는 것을 마음이론이라는 용어로 표현하였다.

프리맥과 우드러프의 마음이론에 관한 침팬지 연구는 발달심리학자들에게 인간의 아기가 언제부터 마음이론을 적용하여 마음읽기를 할 수 있을 것인가 질문을 하도록 영향을 미쳤다. 그 이후 약 30여 년간 발달심리학 분야에서는 마음이론과 마음읽기에 대한 수많은 연구가 이루어졌다. 이 장의 후반부에서는 바로 발달심리학 분야에서 이루어졌던 마음이론과 마음읽기의 발달을 다룬 주요한 연구를, ① 언어구사 능력이 발달되지 않은 영아기, ② 언어구사가 가능해져서 다양한 언어 과제를 사용하여 마음읽기 능력을 알아볼 수 있는 시기인 유아기와 학령전기, ③ 학령기와 그 이후 시기까지의 세 연령대로 나누어 살펴보았다. 각 연령대별 발달적 특징은 각 절의 마지막 부분에 요약하였다. 여기서는 세 연령대에 걸친 마음읽기의 발달적 변화를 전체적으로 요약하고자 한다.

마음을 읽기 위해서는 사람의 믿음(생각)을 머릿속에 표상하여 생각할 수 있는 능력이 필요한데, 이 능력은 틀린 믿음 과제를 사용하여 알아볼 수 있다. 아동이 틀린 믿음을 분명하게 이해하기 시작하는 연령은 4세 전후인 것으로 밝혀졌지만, 그 이전의 어린 아동도 사람의 행동을 마음과 관련하여 이해할 수 있는 초보적인 수준의 마음읽기 능력을 가지고 있다. 예를 들어, 만 1세 정도의 아기는 사람의 시선이 그 사람의 관심 대상을 향하고 있는 것을 이해하여, 상대방의 시선이 향하고 있는 곳을 자신도 함께 보려고 시선을 그쪽으로 돌려 주의를 공유하거나, 사람의 행동에는 목표가 있음을 이해하여 행위자가 의도한 행동은 모방하지만 우연히 한 행동은 모방하지 않는다. 다른 한편, 마음읽기 능력은 사람의 믿음(생각)을 머릿속에 표상하여 생각할 수 있는 4세 전후에 완성되는 것도 아니다. 학령기와 그 이후까지 다양한 상황에서 사람의 마음을 읽을 수 있게 된다. 예를 들어, 상대방의 마음 상태에 대해 알려 주는 뚜렷한 단서가 없는 상황에서 마음을 읽는 능력이나 얼굴 표정과 같은 단서를 통해 사람의 마음을 읽는 능력도 크게 발달한다. 즉, 마음읽기 능력은 나이가 들면서 더욱 정교해진다.

　이어지는 제4장에서는 마음읽기 능력이 다른 사람과 어울리면서 살아가는 사회적 상호작용 능력과 어떠한 관계가 있는지에 대해 알아보자. 마음이론 연구 분야에서는 다른 사람의 행동이나 말, 표정에서 그 사람의 마음을 읽을 수 없다면, 다른 사람과의 상호작용이 어려울 것으로 본다. 실제로 마음읽기 능력이 사회적 상호작용에 필요한 능력인지 알아보자. 예컨대, 마음읽기 능력이 심각하게 떨어지는 사람은 다른 사람과 상호작용을 못하는지, 마음읽기 능력이 높은 사람은 낮은 사람보다 상호작용을 잘하는지를 알아볼 것이다.

04 _

마음읽기 능력과 사회적 상호작용 능력 간의 관계

마음읽기를 할 수 없다면 다른 사람의 행동을 잘 이해할 수 없으므로 사회적 상호작용에 문제가 발생할 수 있다. 이 장에서는 마음읽기 능력과 사회적 능력 간의 관계에 대해 살펴볼 것이다. 사회적 상호작용에 심각한 문제가 있는 자폐 스펙트럼 장애 아동은 일반 아동보다 마음읽기 능력이 크게 떨어지는 것이 많은 연구에서 보고되었다. 반면, 일반 아동을 대상으로 한 연구에서는 괴롭힘을 주도하는 아동이 피해자를 돕는 아동보다 마음읽기 능력이 더 높다는 결과가 보고되는 등 마음읽기 능력과 사회적 상호작용 능력 간의 관계가 일관되지 않다. 이는 다른 사람과 긍정적으로 상호작용하는 것은 다른 사람의 마음을 읽는 것만으로는 충분하지 않음을 보여 준다.

우리의 일상생활은 가깝게는 가족과 친구에서부터 멀게는 생활하면서 만나게 된 그다지 친하지 않은 사람(특정 브랜드를 적극 권하는 판매업자)까지 다양한 사람과의 상호작용 속에서 진행된다. 다른 사람과 상호작용하면서 살아가기 위해 필요한 능력의 하나는 다른 사람의 행동이나 말, 얼굴 표정 등에서 그 사람의 마음을 읽는 능력이다. 다른 사람이 특정 행동과 말을 어떤 마음에서 했는지 파악할 수 없다면 그 사람에게 적절하게 반응할 수 없게 되며, 그 결과 상호작용에 문제가 발생할 수 있기 때문이다. 예를 들어, 화가 나서 "다시는 내 눈앞에 나타나지 마."라고 말하는 친구의 말을 말 그대로만 이해한다면 더 이상 그 친구와 우정관계를 지속할 수 없게 될 가능성이 높다.

마음읽기 능력이 사회적 상호작용에 필요한 능력이라면 마음읽기 능력이 높은 사람이 낮은 사람보다 사회적 상호작용을 더 잘할 것으로 기대된다. 이 장에서는 마음읽기 능력이 실제로 사회적으로 상호작용하는 능력과 관련되는지에 대해 살펴보고자 한다. 마음읽기 능력과 사회적 상호작용 능력 간의 관계를 두 가지 방향에서 살펴볼 것이다. 한 방향에서는 사회적 상호작용에 심각한 문제가 있는 사람들은 그러한 문제가 없는 사람보다 마음읽기를 잘 못하는 것인지를 검토할 것이다. 사회적 상호작용에 심각한 문제가 있는 대표적인 집단이 자폐 스펙트럼 장애가 있는 집단이다. 먼저, 자폐 스펙트럼 장애 아동이 일반 아동보다 마음읽기 능력의 발달이 지체되는지를 살펴볼 것이다.

다른 방향에서는 특별한 문제가 없는 일반 아동을 대상으로 마음읽기 능력이 사회적 상호작용과 관련되는지를 살펴볼 것이다. 마음 읽기를 더 잘하는 아동이 놀이 상황이나 또래관계에서 다른 아이를 배려하거나 위로하는 행동과 같은 친사회적인 행동을 더 많이 하는지, 또래 사이에서 더 인기가 있는지, 또래 괴롭힘과 같은 문제행동을 덜 하는지 등에 대해 알아볼 것이다.

1. 자폐 스펙트럼 장애를 가진 아동과 청소년에 대한 연구

자폐 스펙트럼 장애의 주요 증상은 사회적 기능 장애이다. 자폐 스펙트럼 장애 아동은 물리적 환경에 강한 관심을 가지고 있어서 사소한 환경 변화도 싫어하지만, 사람에 대해 거의 무관심하여 정상적인 대인관계를 형성하지 못한다. 예를 들어, 상대방의 미소에 대해 미소로 답하는 것과 같이 사회정서적 신호를 주고받지 못하며, 몸짓이나 눈 맞춤으로 의사소통하지 못하고, 반향어를 사용하거나("뭐 먹고 싶니?"라는 질문에 대해 "먹고 싶니?"라고 답함) 대명사가 전도되는("너"와 "나"를 혼동하여 사용함) 등 언어로 의사소통하는 데도 문제가 있으며, 다른 사람과 사회적 관계를 맺고 유지하지 못한다. 이러한 사회적 의사소통과 상호작용의 결함 외에도 특정 분야에 제한된 관심을 강하게 보이고 환경의 변화를 거부하며 특이한 행동을 강박적으로 반복하는 특징이 있다. 그러나 자폐 스펙트럼 장애의 가장 핵심적인 증상은 타인과 정상적으로 상호작용하지 못하는 것이다.

루터(Rutter, 1983)는 자폐 스펙트럼 장애의 증상에 대해 개관하면서, 자폐 성인들이 종종 자신이 다른 사람들의 생각이나 느낌을 알 수 없어서 괴롭다고 불평한다는 것을 보고하였다. 이는 자폐 스펙트럼 장애를 가지고 있는 사람들이 마음읽기를 잘하지 못하며, 그 결과 정상적인 대인관계를 맺지 못하고 의사소통도 잘하지 못한다는 것을 시사한다.

자폐 스펙트럼 장애 아동이 마음읽기를 잘하지 못한다는 것을 보여 주는 증거는 바론코헨과 동료들(Baron-Cohen, Leslie, & Frith, 1985)의 실험으로 밝혀지기 시작하였다. 사람의 마음을 읽는 데 가장 핵심 능력은 사람이 틀린 믿음을 가질 수도 있다는 것을 이해하는 능력이다[이에 대한 논리적 근거는 제3장 pp. 100-101 데닛(1978)의 주장 참조]. 따라서 바론코헨 등(1985)은 자폐 스펙트럼 장애 아동이 틀린 믿음을 이해할 수 있는지를 연구하였다. 이들은 일반 아동에게 흔히 사용되는 맥시 과제와 유사한 샐리-앤 과제를 사용하였다. 이 과제는 샐리라는 인형이 자신의 바구니에 공깃돌을 넣고 나갔는데, 샐리가 나간 후 앤이 샐리의 공깃돌을 꺼내서 자신의 상자에 넣는 내용을 인형극 형식으로 보여 준 후, 샐리가 공깃돌을 어디서 찾을 것인지를 질문하는 것이다. 이 질문에 정확하게 답하기 위해서는 앤이 공깃돌을 자신의 상자 속으로 옮겨 놓는 것을 샐리가 보지 못했고, 따라서 샐리는 자신이 원래 넣었던 장소에 공깃돌이 있다고 실제와 다르게 생각할 것임을 알아야만 한다.

바론코헨 등은 자폐 스펙트럼 장애가 있는 아동이 일반 아동보다 틀린 믿음을 이해하지 못하는지 알아보기 위해 자폐 스펙트럼 장애가 있는 아동의 수행을 비교할 대조집단으로 만 4~5세의 일반 아동뿐만 아니라 지적 장애가 있는 다운증후군 아동도 연구 대상에 포함시켰다. 다운증후군 아동을 대조집단에 포함시킨 것은 자폐 스펙트럼 장애가 흔히 지적 장애를 수반하므로 자폐 스펙트럼 장애 아동의 과제 수행에 나타나는 특징이 지적 장애로 인한 것인지를 확인하기 위해서였다. 다운증후군 아동은 지적 장애를 가지고 있지만 사회적 기능에는 문제가 없으므로 사회적 기능에 문제가 있는 자폐 스펙트럼 장애 아동의 마음읽기 능력을 연구하는 데 좋은 대조집단이 될 수 있다. 샐리-앤 과제는 언어이해 능력이 요구되며, 일반 아동의 경우 4~5세 무렵에 틀린 믿음 과제에 정답을 할 수 있으므로, 자폐 스펙트럼 장애 아동과 일반 아동을 언어정신연령을 기준으로 4~5세 수준과 유사하게 일치시켰다.

4~5세 일반 아동의 경우는 27명 중 23명이 정확하게 답하였다. 다운증후군 아동(생활연령: 10세 11개월, 언어정신연령: 2세 11개월)의 경우는 14명 중 12명이 정답을 말하였다. 그러나 자폐 스펙트럼 장애 아동(생활연령: 11세 11개월, 언어정신연령: 5세 5개월)의 경우는 이들의 언어정신연령이 다운증후군 아동의 언어정신연령보다 높았음에도 불구하고 20명 중 4명만이 정답을 말하였다. 이러한 결과가 흥미로운 것은, 지적 장애를 가지고 있는 다운증후군 아동도 이해할 수 있는 틀린 믿음을 이들보다 언어정신연령이 더 높은 자폐 스펙트럼 장애 아동이 이해할 수 없었다는 점이다. 이는 다른 사람이 사실과 다른 틀린

믿음을 가질 수 있음을 자폐 스펙트럼 장애 아동이 이해하지 못한다는 것을 보여 준다. 또한 자폐 스펙트럼 장애 아동이 틀린 믿음을 이해하지 못하는 것이 자폐 스펙트럼 장애에 수반되는 지적장애에 기인하는 것이 아닌 자폐 스펙트럼 장애 고유의 특성임을 시사한다.

이상의 결과를 토대로, 바론코헨, 레슬리와 프리스(1985)는 자폐 스펙트럼 장애는 마음에 대한 이해, 즉 마음이론의 결함으로 인해 마음을 읽지 못하는 마음盲(mindblindness) 상태가 된 것이라는 '마음이론 결함 가설'을 제안하였다. 자폐 스펙트럼 장애가 있는 아동이 틀린 믿음을 이해하지 못하는 것은 스마티 과제를 사용한 연구에서도 나타났다(Perner, Frith, Leslie, & Leekam, 1989).

언어정신연령을 5~6세 수준으로 일치시킨 자폐 스펙트럼 장애 아동, 일반 5세 아동 및 지적 장애 아동을 대상으로 한 김혜리 등(2001)의 연구에서도 자폐 스펙트럼 장애 아동은 일반 5세 아동보다 샐리-앤 과제와 스마티 과제에서 모두 더 낮은 수행을 보였다. 그러나 이 연구에서는 바론코헨 등(1985)이나 퍼너 등(1989)의 연구와는 달리, 자폐 스펙트럼 장애 아동과 지적 장애 아동의 수행에 유의한 차이가 없었다. 이는 김혜리 등(2001)의 연구에서는 지적 장애 아동을 다운증후군 집단에서만 표집하지 않고 다양한 병인에 의한 지적 장애 아동을 모두 포함하였기 때문인 것으로 보인다.

자폐 스펙트럼 장애 아동이 틀린 믿음을 이해하지 못하는 것은 상대방이 틀린 믿음을 가지도록 속임수를 쓰지 못한다는 사실을 보여 준 연구 결과에서도 나타났다. 속이는 행위는 상대방이 틀린 믿음을 가지도록 정보를 조작하여 상대방의 행동을 조작하는 것이므로, 속임수를 쓸 수 있다는 것은 사람이 실제와 다른 틀린 생각을 할 수 있다는 사실을 이해함을 보여 준다. 소디안과 프리스(Sodian & Frith, 1992)는 언어정신연령을 4∼5세 수준으로 일치시킨 자폐 스펙트럼 장애 아동이 일반 아동이나 지적 장애 아동보다 속임수를 쓰지 못하는지 알아보기 위해 틀린 믿음 과제와 함께 속임수 과제와 방해 과제를 개발하여 사용하였다. 속임수 과제는 자신이 과자를 많이 가지기 위해 과자를 뺏어 가는 인형에게는 상자 속의 과자를 볼 수 없도록 거짓말을 할 수 있는지 알아보는 과제이다([그림 4-1]의 A 참조). 두 인형이 등장하는데, 착한 인형은 상자를 열어 보고 과자가 있으면, 그대로 놔둘 뿐만 아니라 자신이 가지고 있던 과자까지 상자에 넣어 주는 인형이다. 반대로, 나쁜 인형은 상자 속의 과자를 보면 다 먹어 치우는 인형이다. 과제 진행자가 두 인형을 아동에게 소개한 후, 아동에게 과자를 많이 가지려면 착한 인형은 도와주고 나쁜 인형은 절대로 돕지 말아야 한다고 말해 준다. 잠시 후 나쁜 인형 또는 착한 인형이 다가와서 아동에게 "이 과자 상자 열려 있니?"라고 질문하면 아동이 답을 해야 한다. 아동이 속임수를 쓸 수 있다면, 나쁜 인형이 질문했을 때는 "닫혀 있어."라고 말해야 하고 착한 인형이 질문하면 "열려 있어."라고 답해야 할 것이다.

방해 과제는 상대방의 마음을 조작하지는 않고 단순히 상자를 열지 못하도록 행동을 방해하는 과제인데([그림 4-1]의 B), 이 과제에서는 과제 진행자가 아동에게 착한 인형은 도와주고 나쁜 인형은 절대

[그림 4-1] 소디안과 프리스(1992) 연구에서 사용된 속임수 과제와 방해 과제의
시나리오와 연구 결과   A: 속임수 과제의 시나리오, B: 방해 과제의 시나리오, C: 세
가지 과제에 대한 일반 아동, 지적 장애 아동 및 자폐 스펙트럼 장애 아동의 수행.
출처: Sodian & Frith (1992).

로 돕지 말아야 한다고 말해 준 후 자물쇠를 주고, 나쁜 인형과 착한 인형이 상자 쪽으로 오면 어떤 행동을 할 것인지를 묻는다. 자폐 스펙트럼 장애가 있는 아동이 마음을 읽는 데만 문제가 있다면, 방해 과제에서는 일반 아동과 같이 나쁜 인형이 오면 상자를 자물쇠로 잠그고 착한 인형이 오면 상자를 열린 채로 그냥 두겠다고 답할 것이다. [그림 4-1]의 C에 연구 결과를 제시하였다. 틀린 믿음 과제에서는 선행 연구의 결과와 같이 자폐 스펙트럼 장애 아동이 다른 집단보다 수행이 낮았으며 속임수 과제에서도 동일하게 자폐 스펙트럼 장애 아동의 수행이 현저하게 낮았다. 이에 반해, 나쁜 인형이 과자를 먹어 버리지 못하게 과자 상자를 자물쇠로 잠그는 행동은 정상 아동이나 지적 장애 아동과 같이 잘하였다. 이러한 결과는 자폐 스펙트럼 장애 아동이 상대방의 행동을 방해하는 것은 일반 아동만큼 잘하지만, 틀린 믿음을 이해하지 못하여 상대방의 마음을 조작하는 속임수는 쓰지 못함을 보여 준다.

바론코헨 등(1985)의 연구 이후, 자폐 스펙트럼 장애가 있는 아동의 마음읽기 능력에 관한 수많은 연구가 행해졌는데, 그 결과 자폐 스펙트럼 장애 아동은 일반 아동보다 초보적인 마음읽기부터 보다 복잡한 마음읽기까지 다양한 측면에서 발달이 상당히 지체된 것으로 밝혀졌다. 예를 들어, 자신이 관심을 가지고 있는 대상을 상대방도 보도록 하기 위해 그 대상을 손가락으로 가리키는 행동을 하지 않고, 상대방의 눈길에서 상대방의 마음을 읽으려고 눈 맞추거나 눈길을 감시하지 않는다. 자신의 시선을 상대방이 보고 있는 대상 쪽으로 돌려서 함께 보는 공동 주의(Mundy, Sigman, & Kasari, 1994)나 자발적인 가장 놀이(Ungerer, 1989)를 잘하지 않는데, 특히 정신연령이 낮은 경우 그 정도가 더 심했다. 선의의 거짓말이나 풍자 말 등 말의 숨은 뜻을 이해하는 능력(Happé, 1994; Jolliffe & Baron-Cohen, 1999)이나 상대방에 대해 잘 알지 못하여 실수로 한 헛디딤 말이 상대방의 기분을 상하게 한다는 사실을 이해하는 능력(Baron-Cohen, O'Riordan, Stone, Jones, & Plaisted, 1999)도 자폐 스펙트럼 장애를 가지고 있는 청소년 및 성인은 일반 청소년보다 떨어졌다. 또한 눈 표정에서 화, 슬픔, 당황과 같은 정서적 마음 상태를 읽는 능력도 자폐 스펙트럼 장애 성인의 수행이 떨어지는 것으로 나타났다(Baron-Cohen, Wheelwright, Hill, Raste, & Plumb, 2001).

언어정신연령이 36개월 이상, 90개월 미만인 자폐 스펙트럼 장애 아동과 일반 아동을 대상으로 한 김혜리 등(2011)의 연구에서도 자폐 스펙트럼 장애 아동은 일반 아동보다 마음읽기 능력이 낮은 것으로 나타났다. 김혜리 등(2011)은 마음읽기 능력을 다른 사람의 믿음과 같은 인지적 마음 상태를 읽어야 하는 인지적 마음읽기 과제와 제3장에서 기술하였던 사진 속 인물의 얼굴 표정에서 정서적 마음 상태를 읽어야 하는 정서적 마음읽기 과제로 평가하였다.

인지적 마음읽기 과제로는, 샐리-앤 과제와 스마티 과제와 같은 틀린 믿음 과제뿐만 아니라, 인지적 마음 상태를 읽어야 하는 다양한 과제를 사용하였다. 인지적 마음읽기 과제로, **시선읽기 과제**(얼굴 자극의 시선 방향에서 자신을 보고 있는 자극 고르기), **바람 과제**(서로 다른 바람을 가진 사람들은 각각 자신의 바람을 이룰 수 있는 방향으로 행동한다는 것을 이해하는지를 묻는 과제), **믿음 과제**(이야기 속에 명시된 혹은 추론된 믿음에 근거하여 주인공의 행동을 예측하기), **정서위장 과제**(긍정적 정서와 부정적 정서를 위장해야 하는 상황에 있는 주인공의 실제 정서와 표면정서를 판단하기), **특질 과제**(부정적 혹은 긍정적 특질을 가진 주인공의 행동, 믿음, 바람 등을 예측하기)를 사용하였다.

정서적 마음 상태를 읽어야 하는 과제는, 제3장에서 보았던 과제로 제시된 한 개의 정서어휘와 이에 대한 설명을 보고, 해당 설명을 가장 잘 나타내는 얼굴 표정 사진을 제시된 네 개의 사진 중에서 선택하는 것이었다. 일부 어려운 정서어휘를 제외하고 22개의 정서어휘만을 사용하였다. 인지적 마음읽기 과제의 백분율 점수와 정서적 마음읽기 과제의 백분율 점수를 합한 점수를 마음읽기 점수로 정의하였는데, 마음읽기 점수가 일반 아동 집단보다 자폐 스펙트럼 장애 아동 집단에서 유의하게 더 낮았다. 이러한 증거는 자폐 스펙트럼 장애 아동이 일반 아동에 비해 마음읽기 능력이 지체되어 있음을 보여 준다.

자폐 스펙트럼 장애 아동이 마음읽기를 잘하지 못한다는 증거가 축적되면서, 자폐 아동의 마음읽기 결함이 일반적인 상위표상 능력의 문제인지, 아니면 마음에만 제한된 상위표상 능력의 문제인지 하는 의문이 제기되었다. 특정 사건에 대한 상대방의 마음을 읽기 위해서는 상대방이 특정 사건에 대해 가지고 있는 표상인 마음을 내 마음속에 다시 표상해야 하므로 상위표상 능력이 요구된다. 그러므로 자폐 스펙트럼 장애 아동이 틀린 믿음 과제에 실패하는 것은 일반적인 상위표상 능력의 결함 때문일 수도 있고, 상위표상 능력 중에서도 정신 표상을 표상하는 상위표상 능력에만 결함이 있기 때문일 수도 있다.

이를 구분하기 위해서는 상위표상 능력이 요구되지만, 정신표상이 아닌 비정신 표상을 표상하는 상위표상 능력이 요구되는 과제를 개발 해야 한다. 자잇칙(Zaitchik, 1990)은 물리적 표상을 표상해야 하는 상 위표상 과제로서 틀린 사진 과제를 개발하였다. 사진이란 특정 상황 을 찍은 것이므로 일반적으로 사진은 상황을 실제 그대로 보여 주는 옳은 표상이다. 그러나 사진을 찍은 후 상황이 바뀌면 그 사진이 나 타내는 것은 현재 상황과 다른 틀린 표상이 된다. 상황이 바뀌기 전 에 찍은 사진은 현재 상황을 실제와 다르게 표상하고 있는 틀린 표상 임을 아동이 이해하는지 알아보기 위해, 자잇칙은 먼저 아동에게 사 진은 상황을 실제 그대로 나타낸다는 것을 폴라로이드 카메라를 사용 하여 분명하게 보여 주었다. 그러고 나서 틀린 사진 과제를 실시하였 다. 특정 위치에 있는 어떤 물건의 사진을 폴라로이드 카메라로 찍고 출력한 사진의 내용을 아동이 볼 수 없도록 사진을 엎어 놓은 후, 물 건을 아동이 보는 앞에서 다른 장소로 옮겨 놓고 아동에게 사진 속에 는 그 물건이 어디에 있을 것인지 질문하는 방식이었다. 표상이 만들 어진(사진이 찍힌) 후 상황이 바뀌었으므로, 만들어진 표상(즉, 사진)이 실제와 일치하지 않는 틀린 표상이라는 점에서 이 과제는 틀린 믿음 과제인 맥시 과제(Wimmer & Perner, 1983)와 거의 유사하다고 볼 수 있다. 자잇칙(1990)은 단지 상황을 표상하는 것이 사진 과제에서는 물 리적인 사진이며, 틀린 믿음 과제에서는 추상적인 마음이라는 점에서

만 차이가 난다고 보았다. 자잇칙은 3~4세의 일반 아동을 대상으로 연구하였는데, 틀린 믿음 과제보다 틀린 사진 과제에 오답이 더 많았으나, 통계적으로 유의미한 차이는 아니었다.

자잇칙의 틀린 사진 과제는 자폐 스펙트럼 장애 아동이 틀린 믿음 과제에서 정답을 맞히지 못하는 것이 정신표상만을 특정적으로 표상하지 못하는 것인지를 알아보는 데 좋은 과제가 될 수 있다. 많은 연구에서 일반 아동과 함께 자폐 스펙트럼 장애 아동을 대상으로 사진과 같은 물리적 표상의 과제와 틀린 믿음 과제에 대한 수행을 비교하였다(Charman & Baron-Cohen, 1992; Leekam & Perner, 1991; Leslie & Thaiss, 1992; Peterson & Siegal, 1998). 연구 결과, 정신표상 과제인 틀린 믿음 과제에서는 일반 아동의 수행보다 자폐 스펙트럼 아동의 수행이 더 낮았으나, 물리적 표상 과제인 틀린 사진 과제에서는 수행이 더 높았다. 따라서 이러한 결과는 자폐 스펙트럼 장애가 있는 아동이 틀린 믿음 과제에서 정답을 맞히지 못하고 마음읽기를 하지 못하는 것이 일반적인 상위표상 능력의 문제가 아니라, 정신표상을 마음속에 표상하는 것에만 제한되는 상위표상 능력의 문제임을 보여 준다고 해석할 수 있다.

그러나 자잇칙의 사진 과제가 상황을 실제 그대로 표상하지 않는 틀린 표상 과제가 아니라는 지적이 있었다. 브루엘과 울리(Bruell & Woolley, 1997)에 따르면, 사진이란 기본적으로 상황을 실제 그대로 표상하는 것이므로, 사진을 찍은 후에 상황이 바뀌어도 그 사진이 표상하는 것은 과거의 상황이지 현재 상황을 실제와 다르게 표상하는 것이 아니라는 것이다. 즉, 자잇칙의 틀린 사진 과제를 해결하기 위해서는 현재 상황과 함께 과거 상황을 표상하기만 하면 되는 것이며, 사진이 현재 상황을 실제와 다르게 표상하고 있다는 것을 아동이 마음속에 다시 표상하는 상위표상 능력이 요구되지 않는다는 것이다.

브루엘과 울리는 틀린 믿음 과제와 같이 상황을 실제와 다르게 표상하는 틀린 사진 과제를 만들기 위해, 사진기의 렌즈 앞에 멀티플 필터를 부착하여 한 개의 사물을 찍으면 다섯 개의 사물이 사진에 나타나는 식으로 조작할 필요가 있다고 주장하였다. 이 경우 한 개의 사물을 찍더라도 현상된 사진에는 실제와 달리 다섯 개의 사물이 나타난다. 먼저, 멀티플 필터가 부착된 폴라로이드 카메라로 한 사물을 사진 찍고 현상되어 나온 사진을 아동에게 보여 주어, 사진에는 사물이 다섯 개로 나온다는 것을 아동이 알도록 한 후 과제를 실시한다. 예를 들어, 한 아이가 친구와 한 개의 인형을 가지고 놀다가 이 카메라로 인형을 찍었다는 이야기를 들려준 후 인형이 실제로 몇 개 있는지, 사진 속에 인형이 몇 개 보일 것인지를 질문하는 것이다. 브루엘과 울리에 의하면, 사물은 하나이지만 사물을 찍은 사진에는 사물이 한 개가 아니라 다섯 개로 나타난다는 사실을 이해하는 것은, 사진이 실제와는 다르게 한 개의 사물을 다섯 개의 사물로 표상하고 있다는 것을 마음속에 다시 표상하는 것이라고 볼 수 있다는 것이다. 즉, 상위표상하는 것으로 볼 수 있다는 것이다.

브루엘과 울리(1997)의 지적을 고려하여 김혜리, 정명숙, 손정우, 이문숙과 이수경(2004)은 언어정신연령을 6세 수준으로 일치시킨 자

폐 스펙트럼 장애 아동과 지적 장애 아동, 일반 아동을 대상으로 정신
표상에 대한 과제와 사진표상에 대한 과제를 실시하여 수행을 비교하
였다. 정신표상 과제로는 틀린 믿음 과제와 속임수 과제(거짓말을 들
은 사람은 틀린 믿음을 가지게 됨을 이해하는지, 누군가에게 쫓기고 있는 사
람을 구해 주기 위해서 쫓고 있는 사람에게 쫓기는 사람이 실제로 도망갔던
방향과는 다른 방향으로 갔다고 말할 수 있는지)를 사용하였다. 사진표상
과제로는 사진을 찍은 후 물건의 위치가 바뀌는 내용의 자잇칙의 과
거 사진 과제와 사진을 찍으면 물건이 여러 개로 찍히는 브루엘과 울
리의 틀린 사진 과제를 사용하였다.

[그림 4-2]에 연구 결과를 제시하였다. 지적 장애 아동은 정신표상
과제와 사진표상 과제를 유사한 정도로 수행하였으나, 일반 아동과

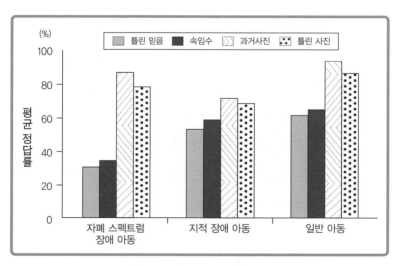

[그림 4-2] 과제에 대한 집단별 수행

출처: 김혜리 외(1992).

자폐 스펙트럼 장애 아동은 모두 사진표상 과제를 더 잘하였다. 또한
사진표상 과제와 정신표상 과제에 대한 수행 차이는 자폐 집단에서
더 컸다. 이러한 결과는 자폐 스펙트럼 장애 아동이 물리적 표상을 마
음속에 표상하는 상위표상 능력에는 손상이 없으며, 정신표상을 마음
속에 표상하는 상위표상 능력에만 특정적인 문제를 가지고 있음을 보
여 준다. 즉, 자폐 스펙트럼 장애 아동은 마음을 이해하는 능력에 특
정적인 결함이 있는 것이다.

2. 일반 아동과 청소년에 대한 연구

자폐 스펙트럼 장애가 있는 사람들이 사회적 기능 장애를 가지고
있다는 사실에서 볼 수 있듯이, 사람의 행동은 마음속의 생각에 의해
결정된다는 사실을 알지 못하고 마음을 읽을 수 없다면, 타인과 함께
서로 이해하며 사는 데 큰 어려움을 겪게 된다. 이러한 마음읽기 능력
과 사회적 기능 간의 관계는 일반 아동에게도 나타날까?

일상생활에서 우리는 끊임없이 마음읽기를 하면서 살아간다. 예를
들어, 같은 반의 어떤 친구를 내가 아주 좋아하는 것은 아니지만 그
친구가 나를 좋아한다는 표현을 할 때, 그 친구의 기분을 상하게 하고
싶지 않다면 "나도 너를 좋아해."라고 선의의 거짓말을 하기도 한다.
거짓말과 같은 속임수는 사실과는 다른 틀린 믿음을 가지도록 하기
위해 정보를 조작하여 타인의 행동을 조작하는 것이다. 따라서 속임

수를 사용하는 것은 어떤 사실에 대한 마음의 표상이 실제와 다를 수 있다는 것을 이해하지 못하면 불가능한 것이다. 여러 연구에 의하면, 만 4세는 지나야 아동이 타인의 생각을 조작하기 위해 속임수를 사용하며, 속임수를 당한 사람은 사실과는 다른 틀린 믿음을 가진다는 사실을 이해하는 것으로 나타났다(이수미, 김혜리, 2000; Sodian, 1991).

우리는 종종 자신의 감정을 숨기고 거짓 표정을 짓기도 한다. 예를 들어, 친구가 자신을 비난할 때 마음속으로는 무척 화가 나지만 화를 내면 친구 관계에 금이 갈 것 같기도 하고, 자신이 하찮은 비난에 화를 내는 속 좁은 사람이라고 비쳐지는 것이 싫어서 친구의 비난이 전혀 거슬리지 않는 것처럼 웃는 표정을 짓는 경우도 있다. 여기서 거짓 표정을 짓는 것은, 자신이 거짓 표정을 지으면 다른 사람이 자신의 속 감정을 알아채지 못하고 겉으로 드러난 표정대로 자신의 기분을 이해할 것이라고 생각하기 때문이다. 즉, 타인이 어떻게 생각할지에 대해 생각하고 미리 이에 대처하는 것인데, 이러한 능력은 타인과 함께 살아가는 데 필요한 능력이다. 여러 연구에 의하면, 5세 무렵부터 사람은 자신의 기분이나 생각을 숨기기 위해 거짓 표정을 지을 수 있다는 것을 이해한다(김혜리, 2000a; Harris, Donnelly, Guz, & Pitt-Watson, 1986; Harris & Gross, 1988).

4~5세가 되어야 속임수와 거짓 표정을 이해할 수 있다는 결과는 이 무렵부터 아동이 점차 또래 친구를 사귀게 된다는 일상적인 관찰과 무관하지 않을 것으로 보인다. 타인과의 상호작용을 위해서는 타인의 마음을 읽고 이해하는 능력이 중요한 만큼, 사회적 상호작용 능

력이 마음읽기 능력과 관계될 것으로 보인다. 자폐 스펙트럼 장애 아동이 마음읽기 능력에 결함이 있다고 많은 연구에서 보고되면서 이후 연구에서는 일반 아동을 대상으로 사회적 상호작용 능력과 마음읽기 능력의 관계를 다루기 시작하였다. 이러한 연구는 마음읽기 능력을 틀린 믿음을 이해하는 능력으로 평가하였다.

애스팅톤과 젠킨스(Astington & Jenkins, 1995)는 3~5세 아동의 마음읽기 능력과 놀이 상황에서 보이는 행동 간의 관계를 알아보았다. 연구 결과, 틀린 믿음을 이해하는 수준이 높은 아동들은 친구에게 자신이 참여하고 있는 놀이 상황에 함께 참여하도록 권유하는 경향이 높았으며, 가장놀이를 할 때에도 역할 할당을 잘하는 경향이 있는 것으로 나타났다.

라론드와 챈들러(Lalonde & Chandler, 1995)는 아동의 사회적 행동을 평가하기 위해 널리 사용되는 바인랜드 사회성숙도 검사(Vineland Socialization Scale; Sparrow, Balla, & Cicchetti, 1984)와 포테이지 관찰표(Portage Checklist; Bluma, Shearer, Frohman, & Hilliard, 1976)에서 마음을 이해하는 것과 관련될 것으로 보이는 사회적 행동 목록과 관습적인 사회적 행동 목록을 20개씩 선정하여 이러한 행동을 하는 정도가 마음읽기 능력과 관련되는지를 3세 아동을 대상으로 연구하였다. 마음을 이해하는 것과 관련될 것으로 보이는 행동 목록에는 슬퍼하는 친구를 보고 위로해 주는 행동, 친구와 갈등이 있을 때 서로 의견을 교환하여 문제를 해결해 나가는 행동 등이 포함되었다. 관습적인 사회적 행동 목록에는 선물이나 도움을 받으면 고맙다고 말하기, 잘못하면 사과하기와 같은 행동이 포함되었다. 연구 결과, 마음을 이해하는 것과 관련될 것으로 보이는 사회적 행동은 틀린 믿음 과제의 수행과 정적 상관을 보였으나, 관습적인 사회적 행동은 유의한 상관을 보이지 않았다. 이는 마음읽기 능력이 좋은 아동은 타인의 생각과 의도를 고려하여 친사회적으로 행동하는 사회적 능력도 우수하다는 것을 보여 준다.

케이퍼지와 왓슨(Capage & Watson, 2001)은 3~6세 아동을 대상으로 사회적 갈등을 해결하는 방법을 이해하는 사회적 문제해결 능력과 마음이해 능력이 또래관계에서의 친사회적인 행동과 어떤 관계가 있는지를 알아보았다. 연구 결과, 사회적 문제해결 능력과 틀린 믿음 과제에서의 수행이 모두 또래관계에서의 친사회적 행동과 관련이 있었는데, 특히 사회적 문제해결 능력보다 틀린 믿음 과제에서의 수행이 친사회적 행동을 더 잘 설명하였다.

슬로터, 데니스, 프리처드(Slaughter, Dennis, & Pritchard, 2002)는 4~6세 아동에게 여러 유형의 틀린 믿음 과제를 실시하여 그 점수와 또래 인기도, 공격성, 친사회성과의 관계를 연구하였다. 5세 이상의 집단에서는 틀린 믿음 점수가 인기도를 가장 잘 설명하는 변인이었으나, 5세 이하 집단에서는 공격성과 친사회성이 인기도를 가장 잘 설명하는 변인이었다. 또한 아동을 인기도에 따라 인기 있는 아동과 거부당하는 아동으로 분류한 결과, 인기 있는 아동은 거부당하는 아동보다 틀린 믿음 과제 점수가 유의하게 더 높았다. 피터슨과 시걸(Peterson & Siegal, 2002)도 3~5세 아동의 틀린 믿음 수행과 인기도의 관계를 연구하였는데, 인기 있는 아동이 거부당하는 아동보다 틀린 믿음 점수가 더 높았다.

한국에서 4~5세 유치원 아동을 대상으로 한 신유림(2004)의 연구에서는, 틀린 믿음 과제 수행이 인기도와 관련이 있었으나 교사가 평가한 친사회성, 공격성과는 관련을 보이지 않았다. 반면, 5세와 초등학교 2학년 아동을 대상으로 한 김혜리와 이숙희(2005)의 연구에서는, 5세 아동의 경우 틀린 믿음 수행은 인기도, 상대방의 마음을 고려한 사회적 행동(예: 남의 기분을 상하게 하면 사과한다, 화난 친구나 슬픈 친구를 위로한다), 관습적인 사회적 행동(예: 선물을 받으면 고맙다고 인사한다, 친구나 선생님을 만나면 인사한다 등)과 정적 상관을 보였지만, 초등학교 2학년 아동 집단에서는 공격성과 부적 상관이 있었으며 다른 변인과는 유의한 상관을 보이지 않았다.

이상의 연구는 적어도 6세 이하의 아동에서는 틀린 믿음 과제에 대한 수행으로 평가한 마음읽기 능력이 사회적 상호작용 능력과 관련됨을 보여 주고 있다. 그러나 마음읽기 능력과 사회적 상호작용 능력 간의 관계가 부적 상관관계라는 결과를 보고한 연구도 있다. 던(Dunn, 1995)의 연구에서는 생후 40개월에 틀린 믿음 과제를 더 잘 수행하였던 아동이 입학 무렵 더 많은 사회적 문제를 가진 것으로 나타났으며, 커밍과 레파콜리(Cuming & Repacholi, 1999)의 연구에서는 학령전기에 친한 친구가 있는 아이보다 친한 친구가 없는 아이가 오히려 더 틀린 믿음 과제를 잘하였다.

한편, 하페와 프리스(Happé & Frith, 1996)는 마음을 이해할 수 있어야 사용할 수 있는 사회적 기술에서 품행장애 아동이 일반 아동과 별 다른 차이를 보이지 않는다는 것을 보고하였다. 유사하게 휴스, 화이 트, 샤펜, 던(Hughes, White, Sharpen, & Dunn, 2000)의 연구에서도 반 사회적 문제행동을 보이는 유치원 아동이 일반 아동에 비해 마음읽기 능력과 정서이해 능력이 떨어지지 않았다.

사회적 상호작용 능력과 마음읽기 능력 간의 관계가 연구마다 일 치하지 않는 것은 마음읽기 능력과 사회적 능력 간의 관계가 단순하 지 않으며, 다양한 요인이 이 관계에 영향을 미칠 가능성이 있음을 보 여 준다. 또한 어떤 사회적 능력인지에 따라, 예를 들어 좋은 또래관 계를 유지하는 능력인지, 협상 기술인지 또는 친사회적 행동인지에 따라 그 관계가 달라질 가능성도 있을 것이다.

마지막으로, 이러한 연구에서는 대개 마음읽기 능력이 틀린 믿음 을 이해하는 능력으로 평가되었다. 틀린 믿음을 이해하는 능력, 즉 상 황에 대한 정확한 정보를 가지고 있지 않은 사람은 상황에 대해 틀 린 마음을 가지게 된다는 것을 이해하는 능력은 다른 사람들의 행동 을 이해하는 데 중요하다. 하지만 틀린 믿음에 대한 이해만으로 마음 읽기가 가능하다고 볼 수는 없다. 성인의 마음이론을 도식화한 [그림 1-1]을 상기해 보자(p. 19 참조). 마음에는 믿음뿐만 아니라 지각, 바 람, 의도, 지식, 정서 등 다양한 마음 상태가 포함되어 있으며, 이러한 다양한 마음 상태가 서로 관련되어 영향을 주고받기도 하면서 행동에 영향을 미친다. 따라서 마음이론을 연구하는 연구자들은 마음읽기를 정의하거나 연구할 때 틀린 믿음만을 제한적으로 다룰 것이 아니라,

마음을 구성하고 있는 다양한 마음 상태를 포함시켜 포괄적으로 접
근해야 한다고 인식하고 있다(Astington, 2003; Hughes & Leekam, 2004;
Wellman & Liu, 2004).

　　다양한 연령층의 마음읽기 능력과 사회적 상호작용 능력 간의 관
계를 연구하기 위해, 저자는 공동 연구자와 함께 마음읽기 능력을 다
양하게 평가하였다. 자폐 스펙트럼 장애 아동과 일반 아동의 마음읽
기 능력을 비교하였던 김혜리 등(2011)의 연구에서와 같이 마음읽기
능력을 인지적 마음읽기와 정서적 마음읽기로 구분하여 평가하였다.
인지적 마음읽기를 평가하기 위해 사용한 과제는 참가 아동의 연령
대별로 다르게 하였는데, 동일 연령대에서 50~80% 정도의 정답률을
보인다고 밝혀진 과제로 구성하였다(구재선 외 2008; 김경미 외, 2008,
김혜리 외, 2007, 양혜영 외, 2008). 이를 〈표 4-1〉에 제시하였다. 학령
전기 유치원 아동의 인지적 마음읽기 능력은 틀린 믿음 과제뿐만 아
니라, 시선읽기 과제, 바람 과제, 믿음 과제, 정서위장 과제, 특질 과
제 및 이차순위 틀린 믿음 과제로(pp. 111-112 참조) 평가하였다. 학
령기의 초등학교 4학년, 6학년 아동의 인지적 마음읽기 능력은 학령
전기 아동에게 사용하였던 과제 외에 제3장의 학령기 마음읽기 능력
의 발달 부분에서 기술하였던 여러 가지 의미로 해석될 수 있는 모호
한 행동의 여러 의미를 파악하는 능력, 선의의 거짓말이나 풍자 말의
숨은 뜻을 파악하는 능력 및 실수로 한 헛디딤 말은 나쁜 의도로 한
것이 아니라 실수였음을 이해하는 능력으로 평가하였다. 중학생 이
상의 인지적 마음읽기 능력은 모호한 행동 이해 과제, 숨은 말뜻 이해

〈표 4-1〉 인지적 마음 이해 과제

대상	하위 과제	과제 내용
학령전기, 학령기	시선읽기 과제	얼굴 자극의 시선 방향에서 자신을 보고 있는 자극 고르기
학령전기, 학령기	바람 과제	서로 다른 바람을 가진 사람들은 각각 자신의 바람을 이룰 수 있는 방향으로 행동한다는 것을 이해하는지 물어보기
학령전기, 학령기	믿음 과제	이야기 속에 명시된 혹은 추론된 믿음에 근거하여 주인공의 행동 예측하기
학령전기, 학령기	틀린 믿음 과제	한 아이가 물건을 A에 놓고 나간 사이에 다른 사람이 물건을 B로 옮겼을 때, 이 아이는 물건이 A에 있다고 생각한다는 것을 이해하는지 물어보기([그림 3-19] 참조)
학령전기, 학령기	정서위장 과제	긍정적 정서(게임에 이겨서 신남)와 부정적 정서(넘어져서 아픔)를 위장해야 하는 상황에 있는 주인공의 실제 정서와 표면정서 판단하기
학령전기, 학령기	특질 과제	부정적 혹은 긍정적 특질을 가진 주인공의 행동, 믿음, 바람 등 예측하기
학령전기, 학령기	이차순위 틀린 믿음 과제	A의 마음에 대한 B의 틀린 믿음을 이해하는지 물어보기([그림 3-22] 참조)
학령기, 중학생	모호한 행동 이해 과제	의미가 분명하게 드러나지 않은 행동의 다양한 의미를 파악할 수 있는지 물어보기(〈표 3-1〉 참조)
학령기, 중학생	숨은 말뜻 이해 과제	참뜻이 숨겨진 말(풍자 말, 선의의 거짓말 등)을 말 그대로 이해하지 않고 숨은 뜻을 파악하기(〈표 3-1〉 참조)
학령기, 중학생	헛디딤 말 이해 과제	나쁜 의도가 없었으나 몰라서 다른 사람의 기분을 상하게 하는 헛디딤 말이 실수였음을 이해하는지 물어보기(〈표 3-1〉 참조)

과제, 헛디딤 말 이해 과제로 평가하였다. 정서적 마음읽기 능력은 모든 연령층에 대해 공통적으로 32개의 정서어휘 각각에 대해 정서어휘

를 가장 잘 나타내는 표정사진을 제시된 네 장의 표정사진 중에서 고르는 과제로 평가하였다.

타인의 얼굴을 보고 표정에 나타난 정서를 인식하는 능력인 정서적 마음읽기와 관련될 것으로 보이는 능력으로는 공감 능력이 있다. 공감은 타인의 정서적 경험을 지각하고 그 사람의 정서를 대리로 반응하는 것을 의미한다(Bryant, 1982). 여러 연구에서 공감은 친사회적 행동을 하도록 동기화하는 기능이 있음이 보고되었다(Eisenberg & Miller, 1987; Moore, Barresi, & Thompson, 1998). 친사회적 행동은 다른 사람과 상호작용하는 한 방식이므로 공감도 사회적 상호작용 능력과 관련될 것이다. 마음읽기 능력이 사회적 상호작용에 영향을 미치는 정도를 정확하게 밝히기 위해서는 공감이 사회적 상호작용 능력에 미치는 정도와 비교해 볼 필요가 있다. 따라서 아동과 청소년의 공감 능력도 평가하였다. 공감 능력은 브라이언트(Bryant, 1982)의 공감 척도(예: 함께 놀 친구가 없는 아이를 보면 불쌍한 느낌이 든다, 우는 아이를 보면 나도 왠지 울고 싶어진다)를 사용하여 평가하였다.

아동과 청소년의 사회적 상호작용 능력은 아동용 사회적 기술 평가척도(Matson, Rotatori, & Helsel, 1983)를 사용하여 대인관계 유능성에 대한 사회적 기술(예: 다른 아이들과 잘 어울려 논다, 다른 아이에게 상처를 입혔을 때 미안해한다)과 부적합 행동(예: 다른 사람의 물건을 허락 없이 가지거나 사용한다, 다른 아이를 놀려서 상처를 준다) 정도를 평가하였다. 이 외에 친사회성(예: 슬퍼하거나 당황하는 친구를 격려하려고 노력한다) 및 공격성(예: 다른 아이들을 때리거나 발로 차거나 할퀴거나 꼬집는

다) 정도도 평가하였다.

사회적 상호작용 능력을 평가하는 척도와 공감척도 문항에 대한 평가를 4~6세의 유치원 아동을 대상으로 한 연구에서는 교사가 하였으나 학령기 이상의 아동과 청소년은 자기평가하도록 하였다.

유치원 아동을 대상으로 한 김경미, 김혜리, 정명숙, 양혜영과 구재선(2008)의 연구에서 공감 능력과 인지적 마음읽기는 사회적 기술과 정적 상관이 있었으나 정서적 마음읽기는 사회적 기술과의 상관이 유의하지 않았다. 부적합한 행동과 공격성은 공감 능력과 부적 상관이 유의하였고, 친사회성은 공감 능력과 정적 상관이 유의하였다. 그러나 부적합한 행동과 공격성 및 친사회성은 인지적, 정서적 마음읽기와 유의한 상관을 보이지 않았다. 인지적 마음읽기와 공감이 유치원 아동의 사회적 기술을 설명하는 것으로 나타났는데, 설명하는 정도는 인지적 마음읽기보다 공감이 더 컸다. 사회적 기술 이외의 다른 사회적 행동, 즉 부적합 행동, 공격성 및 친사회성은 공감 능력만이 설명하였다. 이는 유치원 아동의 인지적 마음읽기 능력이 공감 능력과 함께 사회적 기술을 설명할 수 있으나 그 정도는 공감 능력이 설명하는 정도에 비하면 작으며, 인지적 마음읽기 능력은 부적합 행동, 공격성 및 친사회성과 같은 다른 측면의 사회적 행동에는 영향을 미치지 않는다는 것을 보여 준다.

초등학교 4학년과 6학년 아동을 대상으로 한 양혜영 등(2008)의 연구에서는 사회적 기술이 인지적 마음읽기와 정서적 마음읽기 그리고 공감 능력과 모두 정적 상관이 있었다. 정서적 마음읽기와 공감 능력이 4학년과 6학년 아동의 사회적 기술을 설명하였는데, 그 정도는 정서적 마음읽기보다 공감 능력이 더 컸으며, 인지적 마음읽기는 사회적 기술에 유의한 영향을 미치지 못하였다. 이는 초등학생의 사회적 기술을 인지적 · 정서적 마음읽기 능력보다 공감 능력이 더 잘 설명함을 보여 준다. 학년별로 분리하여 분석했을 때 4학년 아동의 사회적 기술을 예측하는 변인은 공감 능력과 인지적 마음읽기 능력이었으나 6학년 아동의 사회적 기술은 공감 능력이 설명하였다. 이러한 결과는 마음읽기 능력보다 공감 능력이 유치원 아동의 사회적 행동을 더 잘 설명하는 것으로 나타난 김경미 등(2008)의 연구 결과와 맥을 같이 한다.

중학교 2학년 학생을 대상으로 한 구재선 등(2008)의 연구에서는 사회적 행동뿐만 아니라, 또래에게 인기 있는 정도도 평가하여 사회적 행동이나 인기도가 인지적 마음읽기, 정서적 마음읽기 및 공감과 어떤 관계가 있는지 연구하였는데, 남녀의 차이가 있었다. 남학생의 경우 사회적 기술, 공격성, 친사회성이 인지적 마음읽기 및 정서적 마음읽기와 유의한 상관이 나타나지 않았으나, 인기도(또래에게 좋아하는 대상으로 언급되는 정도에서 싫어하는 대상으로 언급되는 정도를 뺀 점수)는 인지적 마음읽기와 정적 상관이 있었다. 이에 반해, 여학생의 경우 사회적 기술이 정서적 마음읽기와 정적 상관을 보였으나 공격성과는 부적 상관을 보였으며, 인기도는 인지적 마음읽기와 정적 상관이 있었다. 남학생의 경우, 공감이 사회적 기술과 친사회성 그리고 인지적 마음읽기가 인기도를 설명하는 것으로 나타났다. 여학생의 경우, 공감과 정서적 마음읽기가 사회적 기술을 설명하였고, 공감이 친사회성을 설명하였다. 그리고 인지적 마음읽기가 인기도를 설명하였다. 즉, 중학교 남학생의 경우 공감 능력과 인지적 마음읽기가 사회적 행동에 영향을 미치며, 여학생의 경우 공감 능력과 정서적 · 인지적 마음읽기가 영향을 미쳤다.

이러한 결과는 유치원 아동이나 초등학교 4학년, 6학년 아동 집단에서는 공감 능력이 사회적 행동에 주된 영향을 미쳤던 것에 비해, 중학교 청소년 집단에서는 인지적 마음읽기 능력이나 정서적 마음읽기 능력이 미치는 영향이 다소 강해져서 마음읽기 능력이 공감 능력과 함께 사회적 행동에 영향을 미친다는 것을 보여 준다.

앞에서 보았듯이, 일반 아동을 대상으로 마음읽기 능력과 사회적 행동 간의 관계를 다룬 연구 결과를 보면, 마음읽기 능력이 사회적 행동에 영향을 미치지만, 그 정도는 공감 능력이 미치는 정도에 비하면 약하였다. 이는 다른 사람과 상호작용하고 좋은 관계를 맺는 것은 다른 사람의 마음을 읽어 내는 것만으로 가능한 것이 아님을 보여 준다. 즉, 마음읽기 능력이 사회적 행동에 결정적인 영향을 미치지는 않는다는 것이다. 또래 지위에 따른 마음읽기 능력의 차이를 다룬 연구나 또래를 괴롭히는 아동의 마음읽기 능력을 다룬 연구에서도 마음읽기 능력이 아동의 사회적 행동을 설명하는 데 한계가 있음을 시사하는 증거를 볼 수 있다.

김아름과 김혜리(2009)는 초등학교 6학년을 대상으로 인지적 마음읽기 능력(모호한 행동 이해, 숨은 말뜻 이해, 헛디딤 말 이해)과 정서적 마음읽기 능력(표정읽기)을 평가하여 또래 지위에 따라 마음읽기 능력에 차이가 있는지를 연구하였다. 또래 지위는 아동에게 같이 놀고 싶은 반 아이와 놀기 싫은 아이를 각각 세 명씩 거명하게 하여 거명된 횟수를 토대로 각 아동의 지위를 **인기/양면**적(놀고 싶은 대상으로 자주 거명될 뿐만 아니라 놀고 싶지 않은 대상으로도 자주 거명됨)/**보통/무시/거부**로 분류하였다.

연구 결과, 놀고 싶은 아이로는 거의 거명되지 않았지만 놀고 싶지 않은 아이로 많이 거명된 거부 집단은 다른 네 집단에 비해 마음읽기 점수가 더 낮았다. 그러나 거부 집단을 제외한 다른 네 집단 간에는 마음읽기 점수의 차이가 유의하지 않았다. 또래들에게 거부당하는 아동이 인기 있는 아동보다 마음읽기 능력이 더 낮은 것은 마음읽기 능력이 사회적 행동에 미치는 영향을 보여 주는 것이다. 그러나 또래에게 놀고 싶은 아이나 놀고 싶지 않은 아이로 거의 거명되지 않는, 또래 사이에서 존재감이 없는 무시당하는 아동과 인기 있는 아동 간에 마음읽기 점수의 차이가 유의하지 않은 것은 마음읽기 능력이 사회적 상호작용에 중요하다는 가정과 일치하지 않는다. 또래에게 무시당하는 아동과 인기 있는 아동이 또래관계에서의 사회적 행동과 적응에 차이가 있음에도 불구하고 마음읽기 능력에는 차이가 없다는 것은 이 두 집단 간에 마음읽기 능력 이외의 다른 능력에서 차이가 있음을 시사한다.

또래와 긍정적으로 어울리지 않고 자신의 목적을 위해서 또래를 괴롭히는 아동이 오히려 마음읽기 능력이 높다는 증거도 있다. 서른,

스미스와 스웨트넘(Sutton, Smith, & Swettenham, 1999)은 또래 괴롭힘 상황에서 괴롭힘을 주도하는 7~10세 아동이 주동자에 동조하거나 돕는 아동이나 피해 아동 또는 피해자를 돕는 아동보다 마음읽기를 더 잘하는지 알아보기 위해 정서위장 과제와 이중속임수 과제를 사용하였다.

정서위장 과제는 다른 사람이 자신의 실제 정서를 알아챌 수 없도록, 거짓 표정을 지음으로써 정서를 위장할 수 있음을 이해하는지 알아보는 과제이다. 이중속임수 과제는 자신의 말을 믿지 않을 것으로 예상되는 경쟁자가 중요한 정보(예: 보물의 위치)를 말하라고 강요하거나 회유할 경우에는 오히려 사실대로 말함으로써 경쟁자가 원하는 것을 얻지 못하도록 할 수 있다는 것을 이해하는지를 알아보는 과제이다.

연구 결과, 괴롭힘 주동자는 피해 아동뿐만 아니라, 피해 아동을 돕는 아이나 괴롭힘 주동자를 돕거나 주동자에게 동조하는 아동보다 정서위장 과제와 이중속임수 과제 점수가 더 높았다. 더 놀라운 것은 피해 아동을 돕는 아동보다 괴롭힘 주동자가 이 두 마음읽기 과제를 더 잘하였다는 것이다. 이는 마음읽기 능력이 항상 긍정적인 사회적 상호작용을 가능하게 하는 것이 아니며, 경우에 따라서는 마음읽기 능력이 부정적인 상호작용도 가능하게 한다는 것을 보여 준다.

마음읽기 능력과 사회적 상호작용 능력 간의 관계를 다룬 일부 연구 결과를 요약하면 다음과 같다. 인기 있는 아동이 거부당하는 아동보다는 마음읽기 능력이 더 높지만, 무시당하는 아동과는 차이가 없었다(김아름, 김혜리, 2009). 또한 또래 괴롭힘을 주도하는 아동이 피해자를 돕는 아동보다 마음읽기 능력이 더 높았다(Sutton et al., 1999). 그리고 마음읽기 능력이 사회적 행동에 영향을 미치지만, 그 정도는 공감 능력이 미치는 정도에 비하면 약하였다(구재선 외, 2008; 김경미 외, 2008; 양혜영 외, 2008). 이러한 연구 결과는 공통적으로 다른 사람과 상호작용하고 좋은 관계를 맺는 것은 다른 사람의 마음을 읽는 것만으로는 충분하지 않다는 것을 보여 준다. 예를 들어, 어떤 불행한 일로 낙담과 우울에 빠진 지인을 보고 그 사람의 희망 상실과 우울함을 인지한다고 해서 꼭 그 사람에게 따뜻한 말을 건네고 배려하는 행동을 하는 것은 아니다. 지인의 마음을 읽은 후 그의 마음을 헤아려서 배려하는 행동을 하게 되는 것은 지인의 마음이 나에게 느껴져서 지인의 슬픔을 냉정하게 보고만 있을 수가 없기 때문이다. 이렇게 보면, 우리가 다른 사람과 어울리며 서로 도움을 주거나 받으면서 협동하여 살아가는 것은 상대방의 마음을 인지적으로 파악하는 마음읽기만으로는 충분하지 않으며, 여기서 한 걸음 더 나아가서 상대방의 마음에 우리가 정서적으로 연결되어야 하는 것으로 보인다.

  상대방의 마음을 이해하고 그 마음에 정서적으로 연결되는 것을 흔히 공감이라고 한다. 이 장에서 보았듯이 마음읽기 능력이 사회적 행동을 어느 정도 설명할 수는 있지만, 사회적 행동을 마음읽기 능력보다 더 강하게 설명하는 변인이 공감 능력이었다는 연구 결과(구재선 외 2008; 김경미 외, 2008, 김혜리 외, 2007, 양혜영 외, 2008)는 우리의 사회적 행동과 사회성 발달을 인지적 능력인 마음읽기 능력만으로 설명하는 것의 한계를 보여 준다.

　마음읽기 능력 외에 공감 능력이 사회적 행동을 설명하는 변인이라면, 마음읽기 능력과 공감 능력이 어떻게 관련되는지, 공감 능력을 마음읽기 능력과 관련하여 어떻게 정의할 수 있는지 고찰해 볼 필요가 있다. 제5장에서는 공감 능력을 마음읽기 능력과 관련지어서 새롭게 개념화하는 시도를 함으로써, 이 새로운 개념이 우리의 사회적 행동을 얼마나 잘 설명할 수 있는지 알아보고자 한다.

INTRODUCTION
TO
PSYCHOLOGY

05 _

사회적인 사람이 되는 데 필요한 능력: 마음읽기와 마음나누기

앞 장에서 보았듯이, 다른 사람과 긍정적으로 어울리면서 친사회적으로 상호작용하는 것은 마음읽기만으로는 충분하지 않다. 그렇다면 다른 사람과 친사회적으로 교류하는 사회적인 사람으로 성장하는 데 마음읽기 능력 외에 어떤 능력이 필요한가? 이 장에서는 이 문제에 대해 살펴볼 것이다. 아동과 청소년을 대상으로 한 발달심리학 연구 및 침팬지와 보노보를 대상으로 한 영장류 연구는 상대방의 마음을 파악하는 마음읽기에서 한 걸음 더 나아가 상대방의 마음에 연결되어 공명하는 마음나누기가 필요하다는 것을 보여 주고 있다. 이와 관련된 여러 연구를 살펴볼 것이다.

일찍이 손다이크(Thorndike, 1920)는 다른 사람과 상호작용하면서 살아가는 데 필요한 능력으로 '자신과 타인의 내적 상태, 동기 및 행동을 지각하고, 그 정보를 기초로 하여 적절하게 행동하는 능력'을 지목하였다. 그러나 이러한 능력이 실증적으로 연구되기 시작한 것은 1980년대에 마음이론과 마음읽기 능력이 심리학의 주요 주제로 등장하기 시작하면서부터였다.

마음이론 분야에서는 우리가 마음이론을 가지고 있기 때문에 사람의 말이나 행동에서 마음을 추론하는 마음읽기를 하는 것이며, 마음읽기 능력은 다른 사람과 상호작용하는 데 필수적이라고 보았다. 실제로, 사회적 능력과 의사소통에 장애가 있는 자폐 스펙트럼 장애 아동은 일반 아동뿐만 아니라 지적장애 아동에 비해서도 마음읽기 능력이 더 낮다는 것이 밝혀졌다(Baron-Cohen, Leslie, & Frith, 1985). 이에 따라, 마음읽기 능력은 사회적 상호작용과 적응에 필수적인 능력이라는 주장이 힘을 가지게 되었다. 이후, 특별한 장애가 없는 일반 아동을 대상으로도 마음읽기 능력과 사회적 적응 간의 관계를 검증해 보려는 많은 시도가 있었다. 그러나 앞장에서 보았듯이, 그 관계가 항상 일관되게 나타나지는 않았다. 또래에게 인기 있는 아동은 거부당하는 아동보다 마음읽기 능력이 더 높으며(Peterson & Siegal, 2002; Slaughter, Dennis, & Pritchard, 2002), 마음읽기 능력이 더 높은 아이가 친사회적 행동을 더 많이 한다는 결과가 보고되기도 하였으나(Capage & Watson, 2001), 이와는 다른 결과도 보고되었다.

예를 들어, 또래와 잘 어울리지 않고 홀로 지내는 아동도 인기 있는 아동만큼 마음읽기를 잘한다는 결과가 보고되었고(김아름, 김혜리, 2009), 마음읽기 능력이 사회적 행동에 영향을 미치지만 그 정도는 공감 능력에 비하면 약하다는 연구 결과(구재선 외, 2008; 김경미 외, 2008; 양혜영 외, 2008)도 있었다. 또한 품행장애 아동이 일반 아동에 비해 마음읽기 능력이 더 낮지 않다는 보고도 있었다(Happé & Frith, 1996; Hughes, White, Sharpen, & Dunn, 2000). 이에 더하여, 일부 연구에서는 주도적으로 또래를 괴롭히는 아동이 괴롭힘을 당하는 아동뿐만 아니라 괴롭힘당하는 아동을 도와주는 아동, 괴롭히는 아동을 돕거나 동조하는 아동에 비해서도 마음읽기 능력이 오히려 더 높은 것으로 보고되기도 하였다(Sutton, Smith, & Swettenham, 1999).

또래 괴롭힘을 주도한 아동이 피해 아동뿐만 아니라 피해 아동을 돕는 아동과 괴롭힘 주동자를 돕거나 동조하는 아동보다 마음읽기 능력이 더 높다는 것을 보고한 서튼 등(1999)의 연구는 마음읽기 능력과 사회적 능력 및 적응 간의 관계가 단순하지 않음을 보여 준다. 그러나 괴롭힘이 흔히 어떤 상황에서 발생하는지를 고려해 본다면 괴롭히는 아동이 마음읽기 능력이 더 높다는 결과를 힘들지 않게 수긍할 수 있다. 괴롭힘은 흔히 힘의 불균형이 존재할 때 발생한다. 우월한 위치에 있는 아동이 자신의 힘을 과시하기 위해 다른 아이들을 자신의 지지자로 끌어들여서(적어도 괴롭힘을 묵인하도록 조장하여서) 그들과 함께 특정 아동을 괴롭히는 것이 일반적인 형태이다(Olweus, 1993). 따라서 괴롭히는 아동은 다른 아이들이 무엇을 원하고 무엇을 두려워하는지 같이 마음읽기를 잘해야만 효과적으로 괴롭히는 행동을 할 수 있는 것이다.

마음읽기 능력이 친사회적 행동이나 친밀한 또래관계 형성뿐만 아니라 남을 괴롭히는 행동과도 관련이 있다는 것이 밝혀지면서, 마음읽기 능력은 사회적 적응을 설명하는 핵심 변인으로서 그 한계에 부딪히게 되었다. 다른 사람과 상호작용하기 위해 다른 사람의 마음을 읽는 능력이 필요한 것은 분명하지만, 이러한 능력을 바람직한 사회적 목표를 위해 사용하는 사람과 바람직하지 않은 목표를 위해 사용하는 사람의 차이를 설명해 줄 수 있는 새로운 개념이 필요한 것으로 보인다. 이러한 개념으로 고려해 볼 수 있는 것은 바로 상대방의 마음을 읽은 후 그 마음을 마치 자기 자신이 경험하고 있는 것처럼 느끼는 능력이다. 상대방의 마음을 나도 똑같이 인식하고 느낀다면, 옳지 못한 목적을 위해 상대방의 마음을 조작하고 이용하려 하기보다는 상대방을 어려움에 처하게 하는 행동은 하지 않으려 할 것이다. 또 상대방이 어려움에 처했을 때는 상대방의 어려움을 해소하거나 완화해 줄 수 있는 방안을 모색하고자 할 것이다. 이러한 능력은 심리학에서 대인관계 특성을 기술하거나 이타행동과 같은 사회적 행동을 설명하기 위해 오래전부터 사용되고 있는 '공감(empathy)'이라는 개념과 일치한다.

1. 공감 능력의 정의

공감은 다른 사람이 우는 것을 보고 자신도 모르는 사이에 따라 울게 되는 정서전염부터 다른 사람의 고통을 덜어 주려는 행동에 이르기까지 심리학 분야에서 다양한 의미로 널리 사용되는 개념이지만, 그 정의는 아직도 일치되지 않고 있다. 공감이라는 개념을 심리학에 처음 도입한 립스(Lipps, 1907)는 다른 사람의 표정이나 몸짓을 모방하여 같은 정서 상태에 도달함으로써 상대방과 같은 정서를 공유하는 것으로 정의하였으며, 머레이비언과 엡스타인(Mehrabian & Epstein, 1972)은 타인의 정서 경험을 대리적으로 경험하는 것으로 정의하였다. 이는 공감을 정서적 경험으로 정의한 것이다. 이와 달리, 상대방의 관점을 수용하여 상대방의 감정이나 생각을 정확하게 아는 능력(Borke, 1971) 또는 타인의 입장을 파악하여 그 사람의 안녕을 고려하는 능력(Hogan, 1969)으로 정의하기도 하는데, 이는 공감을 인지적 능력으로 정의한 것이다.

공감을 정서적 경험 또는 인지적 능력으로 보기도 하나, 최근에는 공감을 인지적 측면과 정서적 측면이 모두 포함되는 다차원적인 것으로 개념화하기도 한다. 예를 들어, 데이비스(Davis, 1983)는 공감이 다른 사람의 입장을 이해하는 **조망수용 능력**과 영화나 소설, 연극 등 가상 상황 속의 인물이 되어 보는 **상상력**과 같은 인지적 능력에 더하여, 다른 사람을 배려하고 걱정하는 **공감적 염려**와 다른 사람의 감정 반응을 보고 괴로움을 느끼는 **개인적 고통**과 같은 정서 반응까지 포괄되어야 한다고 주장하였다. 이와 유사하게 아이젠버그(Eisenberg, 2010)도 상대방의 정서를 이해하고(인지적 측면) 그와 유사한 정서를 경험함으로써(정서적 측면), 상대방을 염려하는 동정심이나 자신도 상대방과 같이 괴로움을 느끼는 개인적 고통과 같은 정서 반응이 일어나는 것을 공감으로 정의하였다. 바론코헨과 휠라이트(Baron-Cohen & Wheelwright, 2004)도 공감은 상대방의 생각과 정서를 이해하는 인지적 측면과 상대방의 정서에 대해 정서적으로 공명하는 정서적 측면을 모두 포함하는 것으로 보았다.

공감에 대한 최근의 정의에서 주목해야 할 점은, 공감 능력의 인지적 측면으로 제안되고 있는 타인의 감정과 생각을 이해하는 능력은 바로 마음이론 분야에서 다루어 왔던 마음읽기 능력이라는 점이다. 즉, 공감 능력을 상대방의 마음에 정서적으로 공명하는 정서적 공감과 인지적 능력인 마음읽기 능력이 포함되는 이차원적인 것으로 개념화할 수 있는 것이다. 이와 같이 공감 능력을 정서적 공감으로만 또는 인지적 공감으로만 정의하지 않고 이 두 가지 차원이 모두 포함되는 것으로 정의하게 되면, 뛰어난 마음읽기 능력이 친사회성이 높거나 또래관계가 좋은 것(Capage & Watson, 2001)뿐만 아니라 소문내기나 왕따시키기와 같이 교묘한 방법으로 다른 아동을 괴롭히는 행동(Sutton et al., 1999)과도 관련된다는 사실을 설명할 수 있는 이점이 있을 것으로 보인다. 예컨대, 또래관계가 좋은 친사회적인 아동과 또래를 괴롭히는 아동이 모두 인지적 공감인 마음읽기를 잘하므로, 이 두 집단의 차이를 인지적 공감 능력으로 설명할 수는 없지만 정서적 공감 능력의 차이로 설명할 수 있을 것이다. 다른 아동의 마음에 정서적으로 공명하는 아동은 다른 아이의 마음을 아프게 하는 행동을 하지 않으려 할 것이나, 정서적으로 공명하지 못하는 아동은 다른 아동을 괴롭히는 행동을 거리낌 없이 할 수 있을 것이다.

2. 인지적, 정서적 공감 능력과 사회적 행동 간의 관계에 관한 초기 연구

공감이 인지적 측면과 정서적 측면으로 구성되는 것으로 정의되고 있음에도 불구하고, 또래 괴롭힘이나 공격성과 같은 사회적 행동과 공감 간의 관계를 다룬 많은 연구는 공감 중에서도 상대방의 정서경험에 공명하는 정서적 공감을 중점적으로 다루었다. 공감을 잘하는 사람은 괴롭힘을 당하는 사람의 부정적인 정서를 자신도 느낄 수 있으므로, 상대방을 공격 상황에서 보호하고 도와주는 친사회적 방어행동을 더 많이 할 것이 예상된다. 실제로 공감과 친사회적 행동은 정적 상관이 있으며, 공격행동이나 괴롭힘 행동과는 부적 상관이 있다(Endresen & Olweus, 2002; Miller & Eisenberg, 1988; Warden & Mackinnon, 2003).

최근에는 인지적 공감과 정서적 공감을 분리하여 평가하는 대인관계 반응지수(Interpersonal Reactivity Index: IRI; Davis, 1983)나 기본 공감척도(Basic Empathy Scale: BES; Jolliffe & Farrington, 2006a)와 같은 공감척도를 사용하여 인지적 공감과 정서적 공감을 분리하여 평가하여서 공감이 또래 괴롭힘이나 친사회적 행동과 관련되는지를 다루고 있다. 하지만 결과가 일치하지는 않는다. 중학생을 대상으로 한 연구에서(Gini, Albiero, Benelli, & Altoè, 2007), 괴롭힘 상황에서 괴롭힘에 직간접적으로 참여하는 역할(주도, 강화, 동조) 점수는 정서적 공감 점수와 부적 상관이 있었으며, 피해자를 방어하는 친사회적 역할 점수는 정서적 공감 점수와 정적 상관이 있었다. 그러나 인지적 공감 점수는 괴롭힘에 참여하거나 피해자를 돕는 친사회적 행동과 관련되지 않았다. 15세 청소년을 대상으로 한 연구(Jolliffe & Farrington, 2006b)에서도 정서적 공감이 또래 괴롭힘과 관련되었지만 인지적 공감은 관련되지 않았다. 이러한 결과는 정서적 공감이 높은 청소년은 또래 괴롭힘 상황에서 친사회적 역할을 하며, 정서적 공감이 낮은 청소년은 괴롭히는 역할에 가담할 가능성이 높음을 보여 준다.

반면, 학령전기 아동을 대상으로 한 연구에서는 인지적 공감도 또래 괴롭힘 상황에서의 역할과 관련되는 것으로 나타났다(Belacchi & Farina, 2012). 또래 괴롭힘 상황에서 괴롭힘에 가담하는 역할(주도, 강화, 동조)은 인지적 공감 및 정서적 공감과 부적 상관이 있었으나, 친사회적 역할(방어, 중재, 위로)은 이 두 가지 공감과 정적 상관이 있었다. 이는 다른 아이의 마음을 잘 읽지 못하고 정서적으로 공감하지 못하는 아동은 괴롭힘에 직간접적으로 가담할 가능성이 높으며, 마음을 잘 읽고 정서적으로 공감하는 아동은 괴롭힘 상황에서 친사회적으로 행동할 가능성이 높다는 것을 보여 준다.

초등학교 5, 6학년 학생을 대상으로 한 연구(오인수, 2010)에서도 정서적 공감뿐만 아니라 인지적 공감도 괴롭힘 상황에서의 행동과 관련되는 것으로 나타났다. 이 연구에서는 괴롭힘을 목격한 아동이 괴롭힘 상황에서 하는 역할의 차이가 인지적 공감 및 정서적 공감의 차이로 설명될 수 있는지를 연구하였다. 즉, 정서적 공감과 인지적 공감이 괴롭힘에 동조 또는 강화하는 역할, 피해 아동을 방어하는 역할 그리고 관여하지 않고 방관하는 역할을 얼마나 잘 구분하여 설명할 수 있는지를 분석하였다. 남학생의 경우는 정서적 공감이 결정하였으나, 여학생의 경우 인지적 공감과 정서적 공감이 결정하였다. 즉, 남학생의 경우 정서적 공감이 높은 학생은 방어 역할을 하며, 낮은 학생은 동조나 강화 역할을 하는 것으로 나타났고, 여학생의 경우는 인지적 공감과 정서적 공감이 모두 높은 학생이 방어 역할을 하는 것으로 나타났다.

초등학교 5학년, 6학년 아동을 대상으로, 또래 괴롭힘 상황에서의 여섯 가지 역할 유형(가해, 강화, 동조, 방어, 방관, 피해)에 따라 인지적 공감과 정서적 공감의 차이가 있는지를 알아본 김혜리(2013)의 연구에서는 약간 다른 결과가 나타났다. 정서적 공감 점수에서 방어자가 피해자, 방관자 및 괴롭힘에 직간접적으로 가담하는 동조자나 강화자보다 유의하게 더 높았다. 이에 반해, 인지적 공감 점수는 방어자가 피해자보다 높았으나, 방관자 및 괴롭힘에 직간접적으로 가담하는 가해자나 동조자보다 더 높지는 않았다. 이는 괴롭힘당하는 아동을 방

어해 주는 방어자 집단은 정서적 공감과 인지적 공감이 모두 높고, 괴
롭힘을 당하는 아동은 두 측면의 공감 능력이 모두 낮으며, 괴롭힘에
직간접적으로 가담하는 아동은 정서적 공감은 낮지만 인지적 공감은
방어자만큼 높다는 것을 보여 준다.

이상의 결과를 종합하여 보면, 인지적 공감의 영향에 대해서는 일
부 연구에서 유의한 결과가 나타나지 않았으나, 정서적 공감의 영향
은 모든 연구에서 공통적으로 나타났다. 이는 괴롭힘 상황에서 직간
접적으로 괴롭히는 행동을 하는 아동과 피해 아동을 방어하거나 위로
하는 등의 친사회적 행동을 하는 아동을 구분해 주는 데 결정적인 요
인은 정서적으로 공명하는 정서적 공감임을 보여 준다. 즉, 상대방의
마음을 읽는 능력은 상대방의 행동이 의미하는 바를 파악하는 데 필
요한 능력이지만, 그 사람의 행동에 대해 친사회적으로 반응하기 위
해서는 상대방의 마음을 읽는 것에 더하여 상대방의 마음에 공명하여
상대방의 마음을 자신도 유사하게 경험하고 느끼는 것이 필요한 것
이다. 괴롭힘을 당한 피해 아동이 가해 아동의 행동에 대해 부당함과
무서움을 느끼고 있다는 사실을 이해할 뿐만 아니라, 피해 아동의 마
음을 마치 자신도 겪고 있는 것처럼 느낄 수 있는 아동은 피해 아동을
돕거나 위로하는 행동은 할 것이지만, 마음을 더 아프게 하는 행동은
하지 않을 것이다.

상대방의 마음에 공명하여 자신도 상대방의 마음을 유사하게 경험
하고 느끼는 과정을 공감 연구자들은 일반적으로 정서적 공감이라 한
다(Eisenberg & Fabes, 1990). 그러나 상대방의 마음에 공명하여 자신

도 상대방의 마음을 유사하게 경험하고 느끼는 것을 다르게 표현하면 상대방의 마음을 나누어 경험하는 것이라고 볼 수 있다. '나누다'라는 단어는 '함께하다' '공유하다'라는 의미가 있기에 상대방의 마음을 자신도 경험하고 느끼는 것을 '마음나누기'로 표현하는 것이 적절할 것이다. 상대방의 행동이나 표정 등에서 그 사람의 마음을 읽어 내는 능력인 **마음읽기**에 대비되는 개념으로서 상대방의 마음을 나도 유사하게 경험하고 느끼는 것을 표현하기 위해 나는 '**마음나누기**'라는 용어를 사용하고자 한다. 다른 사람의 인지적, 정서적 마음 상태를 파악하는 마음읽기와 파악해 낸 상대방의 마음 상태를 나도 함께 경험하고 느끼는 마음나누기를 구분하여 개념화하면, 마음속에서 진행되는 인지적, 정서적 과정이 우리의 사회적 행동에 미치는 영향을 통합적으로 설명하는 데 도움이 될 것으로 생각된다.

3. 과제 반응으로 측정한 마음읽기, 마음나누기와 사회적 행동 간의 관계

앞에서 보았듯이, 상대방의 마음을 파악하고 이해하는 마음읽기와 상대방의 마음에 공명하여 그 마음을 자신도 유사하게 경험하는 마음나누기가 사회적 행동과 어떻게 관련되는지를 다룬 기존의 많은 연구는 인지적 공감과 정서적 공감을 분리하여 평가할 수 있는 IRI(Davis, 1983)나 BES(Jolliffe & Farrington, 2006a)와 같은 공감척도를 사용하였다. 공감 능력을 평가할 수 있는 여러 문항에 대해 스스로 답하도록 하거나, 대상이 어린 아동일 경우에는 부모나 교사가 아동 대신 각 문항에 대해 평가하도록 하여 공감 능력에 대한 자료를 수집하였다. 그러나 공감 능력을 평가할 수 있는 여러 문항에 대해 아동 스스로 또는 부모가 답하게 할 경우 자신이나 자녀를 바람직하게 보이려는 사회적 바람직성 편향으로 인해 평가가 부정확할 가능성이 있다(Batson, Fultz, & Schoenrade, 1987; Dolan & Fullam, 2007; Feshbach, 1987). 뿐만 아니라, 부모나 교사가 아동에 대해 정확하게 파악하지 못할 가능성도 있을 것이다. 따라서 상대방의 마음을 파악하는 마음읽기 능력과 상대방의 마음에 공명하여 그 마음을 함께 경험하는 마음나누기를 보다 객관적으로 평가할 필요가 있다.

마음을 이해하고 파악하는 능력은 마음읽기 과제로 평가할 수 있을 것이다. 그렇다면 상대방의 마음에 공명하여 자신도 상대방의 마음을 유사하게 경험하는 마음나누기는 어떻게 평가할 수 있을까?

1) 안면모방 반응으로 마음나누기를 측정할 수 있다

다른 사람이 특정 정서를 경험하고 있는 것을 보거나 듣거나 또는 상상함으로써 우리도 그 사람과 동일한 정서를 경험하게 되는 것이 정서적 공감(Eisenberg & Fabes, 1990), 달리 표현하면 **마음나누기**인데, 이는 일반적으로 초기의 정서전염 과정에 의해 일어나는 것으로 간주된다(Hoffman, 2000). 즉, 상대방의 얼굴 표정, 음성, 자세, 움직임을 자동적으로 따라 하게 되어서 유사한 정서를 경험하게 되는 정서전염을 마음나누기의 초기 단계로 볼 수 있다(Basch, 1983; Hatfield, Cacioppo, & Rapson, 1994). 이러한 정의에 따르면, 다른 사람이 어떤 정서를 경험하고 있는 것을 보고 그 사람의 얼굴 표정이나 음성 등을 따라 함으로써 상대방과 유사한 정서를 경험하게 되어서 상대방의 마음을 나눌 수 있게 된다는 것이다. 따라서 다른 사람의 정서 경험을 보고 그 마음에 공명하여 그 마음을 함께 나눌 때도 우리의 신체는 자신이 직접 정서를 경험하고 있을 때와 동일한 변화를 보일 것으로 예상할 수 있다.

우리가 정서를 경험하고 있을 때 우리의 신체에 어떤 변화가 일어나는가? 일반적으로 분노나 고통과 같이 강한 부정적 정서를 경험하고 있을 때는 자율신경계의 활성화가 뚜렷하게 나타나서 심박과 호흡이 빨라지고 피부전도 반응이 증가한다. 그러나 기쁨과 같은 긍정적 정서를 경험하고 있을 때는 활성화가 뚜렷하게 나타나지 않아서 심박과 호흡률의 변화가 적다[이에 대한 개관은 Kreibig(2010) 참조]. 정서를 경험하고 있을 때는, 자율신경계의 활동뿐만 아니라 안면근육 반응도 나타난다. 기쁨을 유발하는 자극을 직접 보거나 또는 그러한 상황을 상상할 때, 사람의 안면근육은 웃을 때 움직이는 입술 끝부분과 광대뼈 사이의 큰광대근(zygomaticus major muscle)의 수축 반응이 증가하여 입의 양쪽 끝이 위로 올라간다([그림 5-1] 참조). 반면, 슬픔이나 화 또는 고통을 유발하는 자극을 실제로 보거나 들을 때뿐만 아니라, 이를 상상할 때는 슬프거나 화나거나 고통스러운 표정을 지을 때 움직

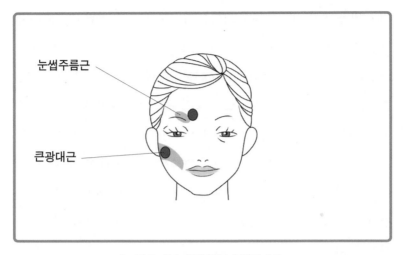

[그림 5-1] 눈썹주름근과 큰광대근

이는 눈썹 위쪽의 눈썹주름근(corrugator supercilii muscle)의 수축 반응이 증가하여 양쪽 눈썹이 찌푸려진다(Cacioppo, Petty, Losch, & Kim, 1986; Ekman, Friesen, & Ancoli, 1980; Greenwald, Cook, & Lang, 1989). 따라서 슬프거나 화나거나 고통을 경험하고 있는 상대방의 마음을 내가 함께 나눈다면, 내가 실제로 그러한 정서를 경험할 때와 같이 자율 신경계가 활성화되고 눈썹주름근의 수축 반응이 증가할 것이며, 기뻐하고 있는 상대방의 마음을 나눈다면 큰광대근의 수축 반응이 증가할 것으로 예측할 수 있다.

   실제로 다른 사람이 고통받고 있는 장면을 보고 있는 관찰자는 고통받고 있는 당사자보다 그 정도는 약하지만 고통받고 있는 사람과 같이 양쪽 눈썹이 찌푸려지는 고통스러운 표정을 보였으며, 자율신경계가 각성되어 맥박과 호흡이 빨라지고 피부전도 반응이 증가하는 것으로 나타났다(Levenson & Ruef, 1992). 다른 사람의 얼굴 표정을 보고 있는 관찰자의 안면근육에도 표정을 짓고 있는 사람과 동일한 반응이 일어난다는 사실은 얼굴 표정 자극을 보고 있는 관찰자의 안면근육의 근전도(electromyography, EMG)를 측정하면 분명하게 확인할 수 있다. 예를 들어, 화난 표정의 얼굴 자극에 노출되면 즉각적으로(자극에 노출된 후 약 500ms 이후부터 1초 사이) 화난 표정이나 슬픈 표정을 지을 때 움직이는 눈썹주름근의 수축 반응이 증가되나, 기쁜 표정에 노출되면 웃을 때 움직이는 큰광대근의 수축 반응이 증가된다(Dimberg & Thunberg, 1998). 얼굴 표정에 대한 이러한 모방 반응(mimicry)은 자극을 수 초 이내로 아주 짧게 제시해도 나타났을 뿐만 아니라, 심지어는 의식 수준에서는 자극을 인식할 수 없을 정도로 짧게 30~57ms 동안 제시하였을 때도 즉각적으로 나타난다(Dimberg, Thunberg, & Elmehed, 2000; Sonnby-Borgström, Jönsson, & Svensson, 2003). 또한 이러한 모방 반응을 자기 뜻대로 억제하기도 힘들어서 사진과 반대되는 표정을 지으라고 지시했을 때도 모방 반응이 나타난다. 예를 들어, 웃는 표정 사진에 대해 화난 표정을 지으라고 지시했을 때도 눈썹주름근보다 큰광대근의 수축 반응이 더 컸다(Dimberg, Thunberg, & Grunedal, 2002). 이는 상대방의 얼굴 표정을 보고 그에 일치하는 표정을 짓는 모방이 자동적으로 일어나는 과정임을 보여 준다.

상대방의 얼굴 표정을 보고 그 표정을 자동적으로 모방함으로써 사람들은 상대방과 동일한 정서를 경험하게 된다. 안면 되먹임 가설(facial feedback hypothesis)에 의하면, 정서 표현이 정서 경험을 유발한다(Adelmann & Zajonc, 1989). 우리가 얼굴 표정을 지을 때 안면근육의 움직임 정보가 뇌로 전달되는데, 이 정보를 해석함으로써 정서를 경험하게 된다는 것이다. 예를 들어, 사람들에게 안면근육 운동에 관한 연구라고 말하고, 큰광대근을 위로 움직여 보라고 하거나 반대로 눈썹주름근을 움직이라고 한 후 정서를 평정하게 하면, 눈썹주름근을 움직였을 때에 비해 큰광대근을 움직였을 때 기쁨을 더 많이 보고한다(Laird, 1984). 따라서 상대방의 얼굴 표정을 보고 이를 모방하면, 상대방과 동일한 정서를 경험하게 되는 것이다.

상대방의 얼굴 표정에 대한 안면모방(facial mimicry)이 자동적으로 일어나며, 그 결과 상대방과 동일한 정서를 경험하게 된다는 사실은 안면모방이 정서적 공감의 신경생리적 기제임을 시사한다. 실제로 정서적 공감척도인 QMEE(Questionnaire Measure of Emotional Empathy; Mehrabian & Epstein, 1972) 점수가 높은 성인은 낮은 성인에 비해 안면모방 반응을 더 강하게 보였다(Sonnby-Borgström, Jönsson, & Svensson, 2003). 뿐만 아니라, 공감에 문제가 있는 자폐 아동이나(Beall, Moody, McIntosh, Hepburn, & Reed, 2008; McIntosh, Reichmann -Decker, Winkielman, & Wilbarger, 2006) 품행장애 아동은 일반 아동과는 달리 안면모방을 하지 않는다는 연구 결과도 보고되었다(de Wied, van Boxtel, Zaalberg, Goudena, & Matthys, 2006).

정서적 공감에 문제가 있는 자폐 아동이나 품행장애 아동이 안면모방을 하지 않는다는 사실과 안면모방을 강하게 하는 성인이 그렇지 않은 성인에 비해 정서적 공감척도 점수가 더 높다는 사실은 다른 사

람의 얼굴 표정을 볼 때, 이와 동일한 표정을 짓는 정도가 정서적 공
감, 즉 상대방의 마음과 유사한 마음을 경험하는 마음나누기 정도를
반영함을 보여 준다.

안면모방을 강하게 하는 사람이 그렇지 않은 사람에 비해 정서적
공감 수준이 더 높다는 것은 한국의 초등학교 4~6학년 아동을 대상
으로 한 연구에서도 나타났다(김혜리 외, 2012). 이 연구에서는 아동에
게 [그림 5-2]와 같이 한 성인이 중립 표정을 짓고 있는 동영상을 보
여 준 후 기쁜 표정 또는 슬픈 표정을 짓고 있는 6초 길이의 동영상을
제시하여 보도록 하였다. 아동이 이 동영상을 보고 있는 동안 아동의
눈썹주름근과 큰광대근의 근전도(EMG)를 측정하였다. 또 동영상을

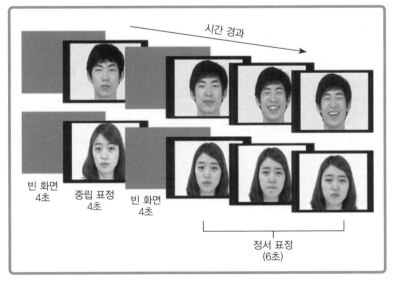

[그림 5-2] 중립 표정과 기쁘거나 슬픈 정서 표정을 짓는 동영상 자극 예시

출처: 김혜리 외(2012).

본 후에 아동에게 어떤 감정을 느꼈는지를 질문하였다(고통, 공포, 기쁨, 슬픔, 분노, 감정 없음 중에서 선택하도록 하였음).

중립 표정을 보고 있을 때에 비해, 정서 표정을 보고 있을 때 눈썹주름근 및 큰광대근이 수축하여 근전도가 증가한 정도인 각 근육의 근전도 백분율 점수를 계산하였다. 근전도 백분율 점수가 100%를 넘는 것은 중립 표정을 볼 때에 비해, 정서 표정을 볼 때 근육이 더 수축했음을 의미하는 것이다. 먼저, 기쁜 표정을 짓는 동영상을 보고 있을 때의 근전도 변화를 살펴보자. [그림 5-3]에서 볼 수 있듯이, 웃을 때 수축하는 큰광대근의 근전도는 중립 표정을 짓는 동영상을 보고 있을 때에 비해 증가하여 큰광대근의 근전도 백분율 점수가 100%를 크게

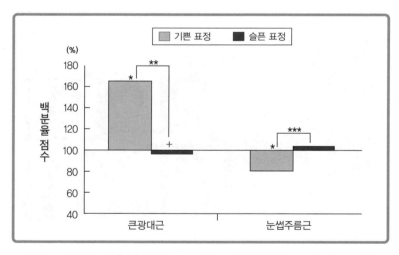

[그림 5-3] 중립 표정 동영상을 보고 있었던 기간을 기준으로 한 기쁜 표정과
슬픈 표정을 보고 있는 기간의 큰광대근과 눈썹주름근의 근전도 백분율 점수

$^+$ .05 < p < .10, * p < .05, ** p < .01, *** p < .001

출처: 김혜리 외(2012).

넘었다. 그러나 슬픈 표정을 지을 때 수축하는 눈썹주름근의 근전도는 중립 표정을 짓는 동영상을 보고 있을 때에 비해 감소하여 눈썹주름근의 근전도 백분율 점수가 100%보다 유의하게 낮았다.

이에 반해, 슬픈 표정을 짓는 동영상을 보고 있을 때는 중립 표정을 짓는 동영상을 보고 있을 때에 비해 큰광대근의 근전도가 감소하여 큰광대근의 백분율 근전도 점수가 100%보다 약간 낮았다. 그러나 눈썹주름근의 근전도는 중립 표정을 보고 있을 때와 차이가 없었다. 즉, 기쁜 표정을 짓는 동영상을 볼 때는 웃는 표정을 지을 때 나타나는 큰광대근의 수축 반응이 아동에게서 뚜렷하게 나타났다. 그러나 슬픈 표정을 짓는 동영상을 볼 때는 슬픈 표정을 지을 때 나타나는 눈썹주름근의 수축 반응이 뚜렷하게 나타나지 않았다.

안면모방은 슬픈 표정을 보면서 관찰자 자신도 슬픈 표정을 짓고, 기쁜 표정을 보면서는 기쁜 표정을 짓는 것이다. 따라서 안면모방을 안면근육의 근전도 반응으로 정의하면, 큰광대근의 근전도 반응이 슬픈 표정을 볼 때보다 기쁜 표정을 볼 때 더 크고, 눈썹주름근의 근전도 반응은 기쁜 표정을 볼 때보다 슬픈 표정을 볼 때 더 큰 것으로 정의할 수 있다. [그림 5-3]에서 볼 수 있듯이 큰광대근의 근전도 백분율 점수는 슬픈 표정을 볼 때보다 기쁜 표정을 볼 때 더 컸으며, 눈썹주름근의 근전도 점수는 기쁜 표정을 볼 때보다 슬픈 표정을 볼 때 더 컸다. 이는 아동이 안면모방을 했음을 보여 준다.

큰광대근의 근전도가 슬픈 표정을 볼 때보다 기쁜 표정을 볼 때 더 큰 정도와, 눈썹주름근의 근전도가 슬픈 표정을 볼 때 더 큰 정도를 합하여 안면모방 점수를 산출하였다. 이 점수가 클수록 아동은 자신도 동영상의 표정과 동일한 정서를 경험하고 있다고 보고한 정도가 더 컸다. 이는 정서 표정 동영상을 보면서 아동이 유사한 표정을 지을수록 유사한 정서를 더 경험한다는 것을 보여 준다.

뿐만 아니라, 안면모방 점수는 다른 사람의 마음을 이해하고 배려하여 공감하는 성향을 평가하는 아동용 공감척도[1] 문항 중에서 정서적 공감을 평가하는 문항(예: 다른 사람이 기분 나빠하면 걱정된다, 다친 아이를 보면 정말 마음이 아프다)의 점수와 정적 상관이 있었다. 그러나 인지적 공감을 평가하는 문항(예: 내가 원하는 것을 얻기 위해 타협을 잘한다, 기쁘다고 우는 아이는 이상한 아이라고 생각한다)의 점수와는 유의한 상관이 나타나지 않았다. 즉, 안면모방 점수는 공감척도 문항 중에서 정서적 공감을 평가하는 문항 점수와 특정적으로 정적 상관이 있었다.

특정 표정을 짓고 있는 사람을 보면서 그 표정과 일치하는 표정을 짓는 안면모방을 강하게 할수록 이와 일치하는 정서를 더 많이 느끼며, 또 공감척도의 정서적 공감 하위 점수가 높다는 결과는 안면모방이 상대방과 동일한 정서를 경험하도록 하는 기제로 작용함을 보여 준다. 그렇다면 왜 사람들은 상대방의 표정을 따라 하게 되는 것

---

1 김혜리 등(2012)의 연구에서 사용된 아동용 공감척도는 EQ-C척도(Auyeung et al., 2009)의 자기보고형 한국어판 EQ-C척도(차화정, 김혜리, 이수미, 엄진섭, 이승복, 2011)와 Bryant(1982)의 아동·청소년용 브라이언트 공감지수(Bryant's Empathy Index: BEI)를 한국어로 번안한 BEI척도(김경미 외, 2008)였다. 각 척도의 문항을 통계적으로 인지적 공감 문항과 정서적 공감 문항으로 분리하여 연구하였다.

일까? 이에 대한 답은 목표지향적 행동을 하는 다른 원숭이를 볼 때와 스스로 그 행동을 할 때 동일하게 활성화되는 거울신경세포에서 찾을 수 있다. 이탈리아 파르마 대학교의 자코모 리촐라티(Giacomo Rizzolatti) 교수 연구팀(Rizzolatti & Craighero, 2004)은 아이스크림을 들고 실험실에 들어온 대학원생을 지켜보고 있던 짧은 꼬리 원숭이의 뇌세포에서 원숭이 자신이 아이스크림을 들고 있을 때와 동일한 뇌 반응이 일어나는 것을 발견하였다. 즉, 다른 사람의 활동을 보기만 해도 자신이 직접 겪는 것처럼 신경세포가 활성화되었는데, "본 대로 따라 하는" 거울과 같이 작용하는 세포라는 의미로 이를 '거울신경세포(mirror neuron)'라고 명명하였다.

최근의 신경과학 연구는 짧은 꼬리 원숭이의 뇌세포에서 발견된 거울신경세포와 동일한 기능을 하는 거울신경체계가 인간의 뇌에도 존재하며, 이것이 우리로 하여금 상대방의 표정을 모방하게 만든다는 증거를 보여 주고 있다. 파이퍼, 이아코보니, 마지오타, 다프레토(Pfeifer, Iacoboni, Mazziotta, & Dapretto, 2008)는 10세 아동이 얼굴 표정 사진을 단순히 관찰할 때와 표정을 모방할 때의 뇌혈류량 변화를 감지해 내어 뇌 활동을 기록하는 fMRI 촬영을 하였다. 그 결과, 표정을 관찰할 때와 모방할 때 모두 공통적으로 판개영역(parsopercularis), 하전두회(inferior frontal gyrus), 전측 하두정소엽(anterior inferior parietal lobule)이 활성화되었다. 또 이들 영역의 활성화 정도는 공감척도 IRI의 정서적 공감 하위 요인인 공감적 염려 점수와 정적 상관이 있는 것으로 나타났다. 이는 판개영역, 하전두회, 전측 하두정소엽이 거울신경체계임을 보여 준다. 반면, 공감 능력에 결함이 있는 자폐 스펙트럼 장애 아동은 이 영역이 거울신경체계와 같은 반응을 보이지 않는다는 사실도 보고되었다(Dapretto et al., 2006). 이러한 결과는 거울신경체계의 작용으로 우리가 상대방의 표정을 모방하게 되는데, 안면모방을 하면 안면 되먹임 과정에 의해 표정과 일치하는 정서를 경험하게 됨으로써 상대방과 동일한 정서를 경험하게 된다는 것을 보여 준다. 즉, 안면모방을 통해 상대방과 정서적으로 연결될 수 있음을 보여 준다.

안면모방에 관한 연구 결과를 요약하면 다음과 같다.

첫째, 안면모방은 거울신경체계의 작용으로 의식적 노력 없이 거의 자동적으로 나타나는 반응이다.

둘째, 사람의 표정을 보면서 그 표정을 따라 하는 안면모방을 강하게 할수록 동일한 정서를 더 많이 느끼며, 공감척도에서 정서적 공감 하위 요인의 점수가 더 높다. 이러한 결과로 미루어 볼 때 안면모방 반응은 정서적 공감, 즉 상대방의 마음을 관찰자도 같이 느끼고 경험하게 되는 마음나누기를 평가하는 데 유용하게 활용될 수 있다.

2) 반사회적 성향의 품행 문제가 있는 청소년의 마음읽기와 마음나누기

아동·청소년기에 습득해야 할 중요한 기능의 하나는 타인에 대한 공격이나 절도 등 다른 사람의 기본권을 침해하는 행동은 불법이며, 성인에게 허용되는 음주와 흡연과 같은 행동이 아동과 청소년에게는 허용되지 않는다는 사회적 규칙을 이해하고 이를 따르는 것이다. 많은 아동과 청소년들은 이러한 사회적 규칙을 잘 따라서 반사회적인 품행 문제를 별로 보이지 않지만, 일부 청소년들은 상당한 수준의 품행 문제를 보이는데 그 정도가 심각한 경우는 품행장애로 진단된다 (APA, 2013).

타인에 대한 공격이나 아동·청소년으로서의 지위를 위반하는 것과 같은 반사회적인 품행 문제행동을 보이는 아동과 청소년이 공감을 잘하지 못한다는 것은 널리 알려져 있다. 그러나 앞에서 보았듯이, 많은 연구는 공감 능력을 인지적 공감과 정서적 공감으로 구분하여 평가하지 않았다. 따라서 반사회적 성향의 아동과 청소년이 품행문제행동을 하는 것이 상대방의 마음을 읽지 못하여 그런 것인지, 아니면 상대방의 마음에 정서적으로 공명하는 마음나누기를 하지 않아서 그런 것인지 분명하지 않다. 또 이를 분리하여 평가한 연구도 마음읽기와 마음나누기가 요구되는 과제를 사용하여 각각 분리하여 측정하지 않고 공감척도로 공감 능력을 평가하였다. 품행 문제행동을 보이는 아동과 청소년이 마음읽기와 마음나누기의 어느 측면에 문제가 있는지를 밝히기 위해서는 이 두 측면 중 어떤 측면의 기능이 일반 아동·청소년에 비해 떨어지는지 비교해 보아야 한다.

문은옥 등(2014)은 품행 문제로 Wee스쿨[2]에 위탁된 반사회적인 문

---

2 학교폭력 가·피해 학생들의 상담을 비롯하여 인성교육, 직업교육 및 사회적응 프로그램 등을 제공하는 대안 교육기관임. Wee는 We(우리들), education(교육), emotion(감성)의 합성어로, 학생을 사랑으로 지도·교육함으로써 나와 네가 우리가 되어 함께 어울리는 환경이 조성될 수 있도록 하자는 의미임.

제행동을 보이는 청소년이 마음읽기와 마음나누기의 어느 측면에서 일반 청소년보다 떨어지는지를 알아보기 위해 이 두 기능을 반영하는 과제를 사용하였다. 마음읽기는 제3장에서 기술하였던 표정에서 정서적 마음 상태를 파악하는 표정읽기 과제로 측정하였다. 표정을 짓고 있는 사람의 전체 얼굴을 보고 그 사람의 정서적 마음 상태를 판단하는 것은 청소년들에게는 지나치게 쉬울 가능성이 있다. 그러므로 문은옥 등(2014)은 마음 상태를 나타내는 표정 사진에서 눈 부위만을 떼어 낸 눈 표정 사진을 보고 그 사람의 마음 상태를 판단하는 과제를 사용하였다. [그림 5-4]와 같이 네 가지 눈 표정 사진을 제시하고 이 사진 중 특정 마음 상태, 예를 들어 수치스러운 마음 상태를 나타내는

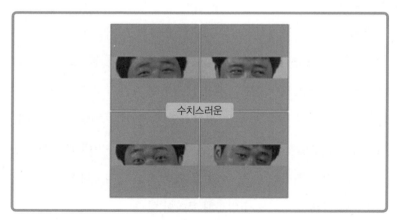

[그림 5-4] 마음읽기 평가에 사용된 눈 표정 읽기 과제
출처: 문은옥 외(2014).

사진을 고르는 식으로 과제를 실시하였다.

마음나누기는 김혜리 등(2012)의 연구와 같이 상대방의 얼굴 표정

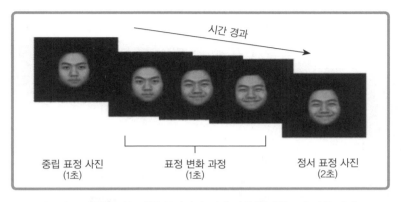

[그림 5-5] 마음나누기를 평가하기 위해 사용한 안면모방 반응 과제

출처: 문은옥 외(2014).

과 동일한 표정을 짓는 안면모방 반응으로 측정하였다. 참가자에게
제시한 자극은 [그림 5-5]와 같이 중립 표정에서 기쁨 또는 슬픔 정서
로 얼굴 표정이 변하는 과정을 보여 주는 4초 길이의 동영상 자극이
었다. 이 자극을 보는 동안 큰광대근과 눈썹주름근의 근전도를 측정
하여 관찰자의 안면모방 반응을 수량화하였다. 즉, 중립 표정이 제시
된 1초 기간에 비해 기쁜 표정을 짓는 과정인 1~4초까지의 총 3초 기
간에 큰광대근의 수축 반응이 유의하게 증가하고, 슬픈 표정을 짓는
기간에는 눈썹주름근 수축 반응이 증가하는지 검토하였다. 또한 품
행 문제를 보이는 청소년 집단에서는 이러한 반응 변화의 정도가 더
적게 나타나는지 분석하였다.

　연구 결과, 눈 표정 읽기 과제의 수행은 두 집단 간에 유의한 차이
가 없었다. 즉, 품행 문제를 보이는 청소년도 일반 청소년 정도로 상
대방의 눈 표정에서 상대방의 마음을 읽을 수 있었다.

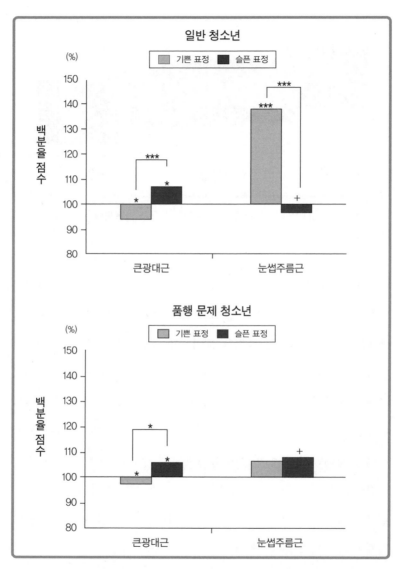

[그림 5-6] 일반 청소년 집단과 품행 문제 청소년 집단 각각에서 중립 표정 기간을 기준으로 한 기쁜 표정과 슬픈 표정을 짓고 있는 기간의 눈썹주름근과 큰광대근의 근전도 백분율 점수($^+$ .05 < p < .10, * p < .05, ** p < .01, *** p < .001)

출처: 문은옥 외(2014).

안면모방 반응으로 평가한 마음나누기는 [그림 5-6]에서 볼 수 있듯이 집단 간에 차이가 있었다. [그림 5-6]은 눈썹주름근과 큰광대근 각각의 근전도가 중립 표정을 보고 있을 때에 비해 기쁜 표정과 슬픈 표정을 보고 있을 때 얼마나 변화했는지를 계산한 근전도 백분율 점수를 보여 준다. 100%가 넘는 근전도 백분율 점수는 중립 표정을 볼 때에 비해 정서 표정을 볼 때 근육이 더 수축했음을 의미하는 것이고, 100%를 넘지 않는 것은 근육이 이완되었음을 의미하는 것이다. [그림 5-6]에서 볼 수 있듯이, 일반 청소년의 경우, 슬플 때 수축하는 눈썹주름근의 백분율 근전도 점수가 슬픈 표정을 보고 있을 때는 100%보다 유의하게 높았으나, 기쁜 표정을 보고 있을 때는 100%보다 유의하게 낮았다. 또 웃을 때 수축하는 큰광대근의 백분율 근전도 점수가 기쁜 표정을 보고 있을 때는 100%보다 유의하게 높았으나, 슬픈 표정을 보고 있는 때는 100%보다 낮은 경향이 있었다. 이는 일반 청소년들은 표정을 짓는 동영상 자극을 보면서 동일한 표정을 짓고 있음을 보여 준다.

품행 문제를 보이는 청소년 집단은 다른 패턴의 반응을 보였다. 슬플 때 수축하는 눈썹주름근의 백분율 근전도 점수는 일반 청소년 집단과 동일하게, 슬픈 표정을 보고 있을 때 100%보다 유의하게 높았으며 기쁜 표정을 보고 있을 때는 100%보다 유의하게 낮았다. 그러나 웃을 때 수축하는 큰광대근의 백분율 근전도 점수는 기쁜 표정을 보고 있을 때 100% 수준이었으며, 슬픈 표정을 보고 있을 때는 100%보다 더 높은 경향이 있었다. 즉, 품행 문제 청소년은 일반 청소년과는 달리, 웃는 표정을 보면서는 웃을 때 나타나는 큰광대근의 수축 반응을 분명하게 보이지 않았는 데 반하여, 슬픈 표정을 볼 때는 오히려 큰광대근의 수축 반응을 보였다.

정서 경험을 하고 있는 상대방의 표정을 보면서 관찰자가 상대방에게 정서적으로 공명한다면 관찰자도 유사한 표정을 지을 것인데, 품행 문제를 보이는 청소년은 기쁜 표정을 짓고 있는 상대방을 보면서 기쁜 표정을 짓지 않았을 뿐만 아니라, 슬픈 표정의 상대방을 보면서 웃는 듯한 표정을 지었다. 이는 품행 문제가 있는 청소년들이 상대방에게 정서적으로 공명하지 않았음을 보여 준다. 특히 상대방이 슬픈 표정을 지을 때 반대되는 표정을 지었다는 것은 이들이 또래 괴롭힘과 같은 상황에서 상대방의 슬픈 표정에도 불구하고 기쁨을 느꼈을 가능성이 높다.

품행 문제 청소년이 보이는 슬픈 표정에 대한 독특한 반응은 사이코패스 성인에서도 볼 수 있다. 사이코패스는 반복적으로 반사회적인 행동을 하는 정신장애의 범주인데, 이들은 울고 있는 사람이나 공포에 떨고 있는 사람의 사진을 보고도 교감신경계가 활성화되지 않아서 피부전도 반응 감소를 보이지 않는다(Blair, Jones, Clark, & Smith, 1997). 이는 사이코패스인 사람은 다른 사람의 정서에 공명하지 않고 무감각하다는 것을 보여 준다. 사이코패스의 주요한 특징의 하나는 공감의 결여이기도 하다. 하지만 사이코패스인 사람은 상대방의 마음을 읽는 것은 일반 사람들만큼 잘한다(Blair et al., 1996).

요약하면, 품행 문제를 보이는 청소년은 마음읽기에는 문제가 없

다. 이들도 다른 사람의 정서 표정을 잘 읽을 수 있었다. 그러나 상대
방의 슬픈 표정을 보고 함께 슬퍼하는 일반 청소년들과 달리, 이들은
슬퍼하는 반응을 보이지 않았다. 심지어는 상대방의 슬픈 표정을 보
고 웃는 표정을 짓는 등 반공감적인 반응을 보였다. 사람은 다른 사람
의 슬픔이나 고통을 함께 공유할 때 다른 사람의 슬픔을 덜어 주려는
행동을 하게 된다. 다른 사람의 슬픔이나 고통을 공유하지 못한다면
고통받는 사람을 돕는 행동은 일어나지 않을 것이다. 또한 자신의 행
동이 상대방의 고통의 원인이 되었을 경우에도 상대방의 표정을 보고
자신의 행동을 중단하게 되지는 않을 것이다. 이는 심각한 수준의 품
행 문제를 가진 일부 청소년에게서 볼 수 있는 모습이다.

3) 마음읽기와 마음나누기, 무엇이 더 중요한가

일상생활에서 다른 사람의 행동에 대해 특정 행동으로 반응하기
까지 우리의 마음속에서 일어나는 정신적 과정은 상대방의 행동이나
말, 표정에서 그 사람의 인지적 · 정서적 마음을 파악하는 마음읽기와
상대방의 마음에 공명하여 그 마음을 함께 나누는 마음나누기 과정으
로 구분할 수 있다. 사회적 상호작용과 의사소통 등 사회적 기능에 장
애가 있는 자폐 스펙트럼 장애 청소년이 마음읽기 능력에 결함이 있
다는 것은 마음읽기 능력이 사회적 상호작용에 필수적임을 보여 준
다. 다른 청소년을 괴롭히는 등의 품행 문제가 있는 청소년들이 마음
읽기에는 문제가 없으나 마음나누기를 하지 못하는 것은 이 두 과정

이 구분된 것임을 보여 준다. 또한 다른 사람을 해치지 않고 친사회적
으로 어울리면서 사는 데는 마음읽기뿐만 아니라 마음나누기도 필요
함을 보여 준다.

다른 개체와 상호작용하는 것에서 더 나아가 다른 개체와 함께 어
울리면서 친사회적으로 생활하는 데 마음나누기가 중요하다는 것은
인간과 유전자를 98% 이상 공유하는 영장류인 침팬지와 보노보[3] 사
회의 특징 차이에서도 엿볼 수 있다. 제2장에서도 기술하였지만, 침
팬지 사회는 수컷이 지배하는 위계적인 사회여서 수컷 침팬지들은 제
1서열이 되기 위해 끊임없이 경쟁한다(de Waal, 1982/2004). 또 수컷
침팬지는 매우 공격적이어서 상대방을 힘으로 제압하려고 한다. 화
가 나면 털을 잔뜩 세워서 몸집이 평소보다 훨씬 더 커 보이도록 하
며, 땅을 쿵쾅거리고 씩씩대며 커다란 돌을 들어 올렸다 던지는 등의
과시행동을 한다. 이런 과시행동에 위협을 느끼는 서열이 낮은 약한
침팬지는 항복의 몸짓(머리를 땅에 조아리는 몸짓)을 한다. 그러나 상대
침팬지가 서열이 크게 낮지 않아서 맞먹으려고 할 경우 싸움이 벌어
질 수 있는데, 이때 침팬지들은 서로 주변 침팬지에게 손을 내밀거나
포옹하여 동맹관계를 맺어서 이들도 싸움에 끼어들게 한다. 그 결과,
싸움이 무리 전체로 확대되는 경우가 많다. 또 싸움이 벌어졌을 때 침
팬지들은 상대를 물어뜯어서 처참한 지경에 이를 정도까지 싸운다
(Hare & Wood, 2020/2021). 물론 침팬지들도 다른 침팬지에게 털 고르

---

3 보노보는 침팬지와 유사하게 똑똑하지만 신체 크기가 작아서 한때 몸집이 작은 침팬지
로 여기기도 했으나, 1929년에 새로운 종으로 인정받게 되었다.

기를 해 주거나 먹이 등을 나눠 주기도 하지만, 이는 진정으로 상대방
을 위한 행동이라기보다는 자신의 이득을 위한 행동이라고 할 수 있
다. 이러한 점에서 침팬지 사회는 어떻게 하면 다른 개체를 물리치고
자신의 이익을 얻을까 하는 문제에 맞추어져 있다고 볼 수 있다.

이에 반해, 보노보 사회에서는 서열이 중요하지 않으며 수컷 우두
머리가 없다. 보노보 사회의 특징은 드 발(de Waal, 1997/2003)의 『보
노보: 잊혀진 유인원(Bonobo: The Forgotten Ape)』이나 헤어와 우즈
(Hare & Woods, 2020/2021)의 『다정한 것이 살아남는다(Survival of the
Friendliest)』에서 볼 수 있다. 보노보는 모계사회로 어미와 아기의 유
대가 매우 강하며, 수컷은 이러한 유대관계에서 떨어져 있다. 또 암컷
보노보들은 서로 친화적이어서 연대하여 함께 움직인다. 예를 들어,
수컷 보노보가 암컷에게 공격적으로 접근하려 하면 암컷 보노보들이
함께 대항하기도 한다. 암컷끼리는 경쟁하지 않으며, 열매나 과일 등
먹이를 나눠 먹으며 격하게 싸우는 일이 많지 않다. 충돌이 발생할 듯
한 상황에서도 서로를 쓰다듬어 주는 등의 친밀한 성적 행동을 통해
서 다툼을 피해 간다. 이처럼 다른 개체와 친밀하게 행동하는 특징은
수컷 사이에도 나타난다. 즉, 보노보 사회는 자신의 이득만을 챙기기
보다는 서로를 아껴 주어서 평화롭게 친밀한 관계를 유지하는 것이
핵심이라고 볼 수 있다.

침팬지와는 달리, 보노보는 다른 보노보의 상황을 파악하여 민감
하게 반응하여 다른 개체를 위하는 행동을 적극적으로 한다는 것이
보고되었다. 예를 들어, 특정 장소로 이동하라는 조련사의 지시를 듣

고도 이동하지 못하고 있는 한 보노보를 보고, 다른 보노보가 자발적
으로 이 보노보의 손을 잡고 가야 할 길을 안내하면서 같이 이동할 수
있도록 돕는 것이 관찰되었다(de Waal, 1997/2003). 이러한 도움행동
은 상대 보노보가 어디로 이동해야 하는지 몰라서 가만히 있는 것임
을 알아야 하고, 또 상대 보노보의 마음이 자신에게도 느껴져야 할 수
있는 행동이라고 볼 수 있다.

　상대방을 위하는 보노보의 이러한 친사회적 특징은, 혼자서 먹을
수도 있는 과일을 다른 보노보와 적극적으로 나눠 먹는 행동에서도
볼 수 있다. 방 안에 과일을 한 더미 갖다 놓고 배고픈 보노보 한 마리
를 방에 들여 보내면, 이 보노보는 혼자서 과일을 다 먹을 수도 있지
만, 옆방에 있는 보노보도 먹을 수 있도록 옆방의 문을 열어서 다른
보노보가 들어오도록 하였다(Hare & Kwetuenda, 2010).

　혼자서도 다 먹을 수 있는 음식을 다른 개체가 먹을 수 있도록 스스
로 나눠 주는 행동은 서열이 높은 개체가 우선적으로 먹이를 먹는 침
팬지 사회에서는 볼 수 없는 행동이다. 침팬지와 보노보의 이러한 차
이는 무엇에서 기인하는 것일까? 침팬지가 마음읽기를 하지 못해서
그럴까? 아니다. 침팬지가 사람의 행동에서 의도를 파악할 수 있다는
것은 이미 1978년 프리맥과 우드러프의 연구(제3장 '1. 마음읽기 연구의
기원'에 기술됨)에서 보고되었으며, 그 이후 수많은 연구를 통해서 침
팬지가 틀린 믿음은 이해하지 못하지만 다른 초보적인 마음 상태는
이해하는 것으로 밝혀졌다(Kaminski, Call, & Tomasello, 2008). 그런데
침팬지와 보노보의 마음읽기 능력을 비교한 연구에 의하면, 보노보도

마음읽기를 할 수 있으며, 특히 상대방의 시선을 추적하는 행동은 침팬지보다 더 잘한다(Herrmann, Hare, Call, & Tomasello, 2010). 시선에는 그 사람의 관심과 정서 상태가 들어 있으므로 보노보가 침팬지보다 시선 추적을 더 잘한다는 것은 보노보가 다른 개체의 마음에 더 잘 접근하고 연결될 수 있을 것임을 시사한다. 아직까지 보노보를 대상으로 상대방의 마음을 파악하고 그 마음에 정서적으로 연결되는 마음나누기를 다룬 연구는 없지만, 어려움에 처한 다른 보노보를 돕거나 먹을 것을 기꺼이 나누는 행동으로 미루어 볼 때 보노보는 다른 개체의 마음에 연결되어 마음을 나누는 능력이 있을 것으로 생각된다. 보노보가 실제로 마음나누기를 하는지는 앞으로 실증적으로 연구되어야 할 것이다.

4. 마음읽기와 마음나누기 연구가 개인 성장과 사회 발전에 시사하는 바

제1장부터 지금까지 살펴본 마음읽기와 마음나누기에 대한 연구 결과를 정리해 보자. 다른 사람과 상호작용하면서 살아가기 위해서는 마음읽기가 필수적이다. 그러나 다른 사람과 친사회적으로 어울리면서 함께 살아가기 위해서는 마음읽기만으로 충분하지는 않다. 마음읽기에서 더 나아가 마음나누기를 하는 것이 중요하다. 이는 다음과 같은 사실에서 볼 수 있다.

첫째, 자폐 스펙트럼 장애와 같이 사회적 상호작용 기능에 근본적인 문제가 있는 사람은 마음읽기를 잘하지 못한다.

둘째, 또래를 괴롭히는 등의 품행 문제가 있는 청소년은 마음읽기는 잘하지만 마음나누기를 잘하지 못한다.

셋째, 다른 사람과 잘 어울리면서 친사회적으로 행동하는 아동과 청소년은 마음읽기뿐만 아니라 마음나누기도 잘한다.

넷째, 침팬지와 보노보는 모두 마음읽기를 할 수 있다. 그러나 마음나누기도 할 수 있는 것으로 보이는 보노보의 사회는 친화적인 데 반하여, 마음나누기를 한다는 증거가 보이지 않는 침팬지의 사회는 경쟁적이고 공격적이다.

사람을 대상으로 한 연구와 영장류를 대상을 한 연구가 공통적으로 보여 주고 있는 사실은 여러 개체가 공동체를 구성하여 상호작용하면서 살아가는 종에게 있어서 마음읽기 능력이 필수적이지만, 마음읽기 능력이 개체들의 협동적이고 친사회적인 행동을 보장하지 않는다는 것이다. 이는 마음읽기를 함으로써 다른 사람을 자신만의 이득을 위해 이용하는 것이 가능하기 때문이다. 마음읽기뿐만 아니라, 자동적이고 즉각적인 안면모방을 통하여 마음나누기도 가능하면, 다른 사람의 마음을 이해하고 그 마음에 공명할 수 있게 됨으로써, 다른 사람을 자신의 이득을 위해 이용하거나 해치는 일은 하지 않게 된다. 그보다는 다른 사람과 협동하고 나누고 배려하는 등의 친사회적 행동을 하게 된다. 이렇게 본다면 마음읽기에 비해, 자동적인 안면모방을 통한 마음나누기가 도덕적 · 친사회적 행동의 발달과 더 강하게 관련될 것으로 보인다. 마음나누기와 유사한, 일반적으로 널리 사용되는 개념인 공감이 친사회적 행동과 관련된다는 것은 널리 알려져 있다(Eisenberg, 2010; Eisenberg & Fabes, 1990). 그렇다면, 안면모방을 통한 마음나누기가 친사회적 행동과 관련될 것인가? 예컨대, 협동하기나 자원나누기와 같은 친사회적 행동을 별로 하지 않는 아동은 그런 행동을 잘하는 아동보다 상대방의 정서 표현에 대한 즉각적이고 자동적인 모방 반응을 덜 하는가? 이러한 아동이 친사회적인 행동을 잘하는 아동보다 마음읽기도 잘하지 못하는가, 아니면 마음읽기는 잘하는가? 이에 대한 연구는 마음읽기와 마음나누기 그리고 사회적 행동 간의 관계에 대한 우리의 이해를 높여 줄 것이다.

우리의 삶은 여러 사람과의 상호작용이 필요한 공동체 속에서 진행되는 만큼, 공동체에 속한 개개인 모두가 마음읽기와 마음나누기를 잘하는 것이 필요하다. 더구나 현대 사회는 과거와 같이 한 개인이 속한 공동체가 가족이나 학교, 직장 등으로 제한되어 있지 않고 가치나 취미, 목표에 기초한 공동체 등으로 다양해지고 있는 만큼(김미영, 2015), 마음읽기와 마음나누기에 대한 요구는 과거보다 더 커지고 있다. 마음읽기와 마음나누기를 잘하는 개인은 여러 공동체 내에서 다른 사람의 마음을 잘 파악하고 마음을 나눌 수 있으므로 다른 사람과 대립하고 경쟁하기보다는 유대와 협동 등 상호작용을 잘할 것이기에 공동체에 속한 한 사람으로서의 역할을 잘해 낼 수 있을 것이다. 뿐만 아니라, 이러한 관계 속에서 심리적 안정감도 누릴 수 있을 것이다. 한 사회 내에 이러한 개인이 많아지면, 보노보의 사회에서 볼 수 있듯이 친사회적으로 함께 어우르며 살아가는 친사회적 문화가 조성될 수 있을 것이다.

반면, 마음읽기는 잘하지만 마음나누기를 잘하지 못하는 사람은 다른 사람의 마음에 공명하는 반응을 하지 않고 오히려 다른 사람을 이용하는 등의 반사회적인 행동을 할 가능성이 높다. 개인적인 측면에서 이러한 사람은 다른 사람과의 정서적 유대를 형성하지 못하고 공동체에서 소외될 수 있을 것이다. 따라서 심리적 안정을 누리지 못할 것이다. 전체 사회의 측면에서 본다면, 이러한 개인이 많아지면, 침팬지 사회에서와 같이 경쟁적이고 공격적인 사회가 될 가능성이 높다.

한 개인의 차원에서나 사회 전체의 차원에서나 마음읽기와 마음나누기가 모두 필요하다. 그렇다면, 한 개인의 마음읽기 능력과 마음나누기 능력은 태어날 때 어느 정도 정해지는 것인가, 아니면 발달과정에서 변화되는 것인가 하는 문제가 떠오른다. 또한 발달과정에서 변화하는 것이라면 어떤 환경에서 발달하는가? 어떤 방법으로 이 능력을 함양시킬 수 있는가? 이 문제에 대해서는 이어지는 제6장에서 고찰해 보자.

06 _

사회적인 사람으로 성장하는 데
필요한 환경

이 장에서는 마음읽기와 마음나누기 능력이 어떤 환경에서 더 발달하는지에 대해 살펴볼 것이다. 발달이 유전과 환경 사이에서 진행되는 양방향적인 상호 교환을 통해 점진적으로 진행된다는 후성설과 이에 대한 신경생물학적 근거를 보여 주는 뇌과학과 후성유전학 연구는 환경의 중요성을 강조하고 있다. 실제로 심리학 연구는 주양육자가 어린 자녀를 마음을 가진 개인으로 인식하고, 가족 간에 마음에 대한 대화를 더 많이 하는 환경에서 자라는 아동이 마음읽기를 더 잘한다는 것을 보여 주고 있다. 이러한 연구에 기초하여 마음읽기와 마음나누기 능력을 함양할 수 있는 방법에 대해 제안하였다.

상대방의 마음을 읽을 뿐만 아니라, 상대방과 마음을 나누는 능력은 어떤 환경에서 발달할까? 이에 대한 답을 찾기 위해서는 먼저 유전의 영향과 함께 환경이 발달에 미치는 영향을 중시하는 후성설 (epigenesis)의 주장과 이에 대한 신경생물학적 근거를 보여 주는 뇌과학 및 후성유전학의 최근 연구를 살펴볼 필요가 있다.

1. 후성설과 이에 대한 증거

마음읽기 능력에 대한 진화적 관점에서는 사람의 마음을 읽는 능력이 다른 사람들과 상호작용하면서 살아가는 인간에게 중요하다고 본다. 따라서 인류의 진화 역사에서 마음을 이해할 수 있었던 개체가 생존할 수 있었을 것이며, 그 결과 현재의 인간이 마음읽기 능력을 생득적으로 가지게 되었을 것으로 본다. 또한 마음읽기가 효율적으로 작동하도록 진화과정에서 점차 마음읽기를 담당하는 신경기제가 뇌에 구현되었을 것으로 본다(Baron-Cohen, 1995/2005; Humphrey, 1984, 1986/2003).

여기서 인간이 마음읽기 능력을 생득적으로 가지고 태어난다는 진화적 관점의 주장은 아기들이 출생하면서부터 성인과 같이 마음읽기를 한다는 것을 의미하는 것인가? 이는 발달심리학의 오래된 논쟁인 '본성(유전)과 양육(환경)'의 논쟁과 관련된 문제이다. 본성과 양육의 논쟁에서 한쪽 극단은 한 능력의 발달이 전적으로 유전에 의해 결정되는 타고난 것으로 보며, 다른 쪽 극단은 후천적으로 양육, 교육 등 환경 경험의 결과 발달되는 것으로 본다. 하지만 최근에는 [그림 6-1] 과 같이 발달이 유전과 가정, 이웃, 학교, 지역 사회와 같은 모든 수준 의 환경 사이에서 진행되는 양방향적인 상호 교환을 통해 점진적으로 진행된다는 후성설(epigenesis)이 받아들여지고 있다(Gottlieb, 2000).

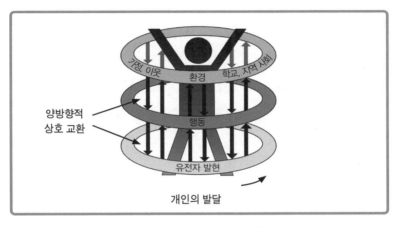

[그림 6-1] 후성설의 발달 개념

출처: Berk (2007).

현재의 인간이 마음읽기 능력을 생득적으로 가지게 되었다는 주장 을 후성설의 관점에서 재해석한다면, 마음읽기 능력의 어떤 측면, 예 를 들어 사람과 사회적 환경에 대한 민감성이 유전자에 내장되어 있 어서 마음읽기 능력이 쉽게 또 빠른 속도로 발달하도록 영향을 주는 것으로 볼 수 있다. 즉, 사회적 민감성과 같은 유전적 특성은 아기들 이 주변 환경에서 사회적 자극에 민감하게 반응하도록 영향을 주는 데, 아기의 이러한 반응은 주변 사람의 반응을 다시 이끌어 내도록 영

향을 준다. 주변 사람의 반응은 아기에게 사회적 자극이 되기에 아기
는 점차 더 많은 사회적 경험을 하게 되는데, 그 결과 점차 마음읽기
능력이 발달하게 되는 것으로 본다.

예를 들어, 아기들이 다른 어떤 자극보다도 사회적 자극에 대한 민
감성을 가지고 태어나면, 아기들은 태어나면서부터 사물보다 사람에
더 주의하게 된다(우리는 제3장에서 실제로 그렇다는 것을 보았다). 그중
에서도 가장 오랜 시간을 함께 보내는 주양육자, 대개의 경우 엄마의
얼굴과 행동에 주의하게 된다. 주양육자는 아기에게 눈 맞춤과 미소
짓기 등 다양한 자극을 주어 아기의 주의를 끈다. 아기가 주양육자의
얼굴과 행동에 주의하면 주양육자도 이에 반응하는데, 이러한 과정을
통해 아기와 주양육자 간의 상호작용이 증가한다. 대부분의 경우, 주
양육자는 다른 어떤 사람보다도 아기에게 적절한 자극을 많이 주는
사람이다. 주양육자와 상호작용하면서 아기는 자신의 행동과 주양육
자의 반응 간 유관성을 파악하게 되고, 그 과정에서 점차 주양육자의
내적 마음을 알게 된다. 이후 아기의 사회적 반경이 가정 밖으로 확대
되면서 주양육자 이외에 다른 사람의 마음도 읽을 수 있게 된다. 이렇
게 본다면, 마음읽기 능력이 발달되도록 하는 유전적 특성을 아기가
가지고 태어나지만, 이러한 유전적 특성이 마음읽기 능력의 발달과정
을 이끌어 가기 위해서는, 우선 아기에게 적절한 사회적 자극이 주어
져야 하는 것이 전제 조건이다.

사람의 마음을 읽고, 또 이에 공명하는 능력이 발달하는 데 사회적
자극이 필요하다는 점은 사회적 자극에 노출되지 않고 인간 사회와

단절된 채로 상당 기간 야생에서 자란 야생소년 빅터의 예에서도 볼 수 있다. 1799년 프랑스의 아베롱 숲에서 발견된 빅터는 발견 당시 약 12세로 추정되었는데, 인간의 말은 하나도 하지 못하였을 뿐만 아니라, 다른 사람이 보내는 신호에 전혀 반응하지 않았고 사람에 대한 관심도 보이지 않았다. 이런 빅터를 인간 사회에 적응시키기 위해 이탈드(Itard)라는 젊은 의사가 5년간 언어와 예절 등에 대해 집중적으로 교육하였다. 그러나 수년이 지나도 빅터는 사람에 대한 관심을 보이지 않았으며 우정이나 연민과 같은 감정을 보이지 않았다. 예를 들어, 식사 때마다 먹을 것을 만들어서 갖다 주는 사람에게 고마움을 표현한 적이 없었으며 먹을 것에만 관심을 보였다(Frith, 2003).

빅터와 유사한 사례는 현대 사회에서도 찾아볼 수 있다. 공산정권 하의 루마니아에서는 정부의 출산장려정책으로 인해 각 가정이 감당하기 어려울 정도로 많은 자녀를 출산하였으나, 이후 루마니아의 극심한 경제난으로 자녀 양육이 어려워졌다. 그 결과, 많은 아이가 고아원으로 보내졌다. 고아원의 보육 환경은 심각하게 열악하여 영양 공급, 인지적 자극 및 아이에게 관심을 보이고 미소 짓는 것과 같은 사회적 자극이 모두 결핍되었다. 이러한 환경에서 자란 아이는 전반적으로 신체 및 인지 발달이 극심하게 지체되었을 뿐만 아니라, 다른 사람과 눈길을 주고받는 등의 사회적 상호작용에도 문제를 보였다. 이 고아들 중 일부는 1990년대에 영국으로 입양되었다. 입양된 후 이 아이들의 발달에 어떤 변화가 나타났는지에 대한 많은 연구가 수행되었다. 사회적 상호작용 능력에 있어서, 생후 12개월 이전에 일반 가정으로 입양된 아기는 점차 회복되어 4세 무렵에는 다른 사람들과 사회적 관계를 잘 형성할 수 있게 되었다(Rutter, Andersen-Wood, Beckett et al., 1999). 이는 양육자와의 사회적 상호작용의 결핍이 아동의 사회적 발달에 장애가 되지만, 이후의 환경 변화에 따라 사회적 발달의 궤도가 바뀔 수 있음을 보여 준다. 더 나아가, 환경을 변화시킴으로써 아동의 상호작용 능력의 발달을 새로운 방향인 정상적인 궤도로 변화시킬 수도 있음을 보여 준다.

2. 후성설의 신경생물학적 근거를 보여 주는 뇌과학과 후성유전학

주변 환경에서 아동에게 제시되는 외적 자극이 어떤 과정을 통해 아동의 발달에 영향을 미칠 수 있는가에 대한 답은 최근의 뇌과학 연구가 제공해 주고 있다. 최근의 뇌과학 연구에 의하면(Barrett, 2020), 우리의 뇌는 특정 기능만을 선택적으로 처리하는(예: 마음읽기에 관한 정보만을 처리하는) 여러 개의 생득적인 모듈(module)에 의해 작동되는 것이 아니다. 우리의 뇌는 뇌를 구성하는 기본 단위인 수많은 신경세포를 연결하고 배선하여서(wiring), 배선된 신경세포들이 연쇄하여 신호를 보내는 신경망 식으로 작동한다. 신경세포 간의 배선은 경험에 의해 형성되고 변화된다. 예를 들어, 우리의 뇌에는 망막을 통해 유입되는 빛 자극을 처리하는 시각 중추가 있는데, 이 시각 중추에

있는 수많은 신경세포가 연결되어 배선이 형성됨으로써 신경세포들
이 정상적으로 기능하기 위해서는 망막이 빛에 노출되어야만 한다.
빛에 노출되는 경험이 없다면, 시각 중추의 신경세포들은 배선이 되
지 않아서 지각 경험을 하지 못하게 되기도 한다(Maurer, Mondloch, &
Lewis, 2007).

신경세포 간의 배선이 경험에 의해 형성되고 변화되는 과정은 신
경세포의 조정(tuning)과 가지치기(pruning)를 거치면서 이루어진다.
인간 배아는 성인의 두 배 정도의 신경세포를 생성하는데, 그 결과 아
기 뇌의 신경세포는 성인 뇌의 신경세포보다 더 무성하다. 외적 자극
이 아기에게 유입되면서 신경세포 간의 연결에 변화가 나타난다. 조
정은 이 무성한 신경세포 중 자주 사용된 신경세포 간의 연결이 강화
되는 과정이다. 반면, 가지치기는 사용되지 않은 신경세포 간의 연결
이 약해지고 사라지는 과정이다. 가지치기를 통해 불필요한 연결을
제거하고 조정을 통해 자주 사용되는 연결을 강화시켜 배선함으로써,
뇌에서는 관련된 신경세포들이 네트워크처럼 작용하게 되는 것이다.
그 결과, 중요한 정보를 빠르고 효율적으로 처리할 수 있게 된다. 배
선이 형성되기 위해서는 외부 자극이 아기의 뇌에 입력되어 신경세포
가 자극되는 것이 필요하므로 경험이 중요한 것이다. 이처럼 뇌는 경
험의 변화에 따라 유연하게 변화하는 가소성(plasticity)을 가지고 있다
(Barrett, 2020).

유전이 환경과의 상호작용에 의해서 발현된다는 생각을 탐구하는
분야인 후성유전학(epigenetics) 연구에서도 환경이 한 개체의 발달에

미치는 영향을 잘 보여 준다. 캐나다 맥길 대학교의 프랜시스, 디오리
오, 리오, 미니(Francis, Diorio, Liu, & Meaney, 1999; Meaney, 2001)은 어
미 쥐의 모성행동이 새끼 쥐에게 오랜 기간 영향을 미친다는 사실을
보여 주었다. 이들은 새끼를 많이 핥아 주고 돌보는 데 많은 시간을
보내는 어미(**양육적 어미**라 하자)의 어린 쥐는 새끼를 덜 핥아 주고 돌보
는 데 시간을 거의 보내지 않는 어미(**비양육적 어미**라 하자)의 어린 쥐에
비해, 자란 후에 두려움을 유발하는 상황에서 덜 두려워하는 것을 관
찰하였다. 이들은 이러한 두 집단 어린 쥐의 행동 차이가 유전적 영향
인지 양육의 영향인지를 밝히고자 하였다. 이를 위해 이들은 양육적
어미와 양육적인 행동을 거의 하지 않는 비양육적 어미의 새끼 쥐들
을 친어미에게 또는 반대 특징의 양육 특성을 보이는 양어미에게 양
육시켰다.

　연구 결과, 환경이 개체의 행동뿐만 아니라, 신경계의 기능을 변화
시키는 것으로 나타났다. 어미가 어떤 어미였든, 비양육적 어미 쥐에
의해 양육된 어린 쥐는 자라서 두려움을 일으키는 상황에서 두려움
을 더 표현하였다. 뿐만 아니라, 비양육적인 어미의 양육을 받고 자란
어린 쥐의 뇌에는 글루코코르티코이드 수용기의 DNA 메틸화가 증가
되어 있었다. 글루코코르티코이드 수용기는 스트레스 호르몬인 글루
코코르티코이드와 결합하여 스트레스 반응을 조절하는 기능이 있는
데, 이 수용기의 DNA 메틸화가 증가됨으로써 이 수용기의 유전자 기
능이 발현될 수 없었다. 이에 반해, 양육적인 어미의 양육을 받고 자
란 어린 쥐의 뇌에는 글루코코르티코이드 수용기의 DNA 메틸화가

아주 적었다. 이러한 결과는 타고난 스트레스 조절기제가 출생 후의 비양육적인 경험으로 인해 손상될 수 있음을 보여 준다. 이러한 특징은 어린 시절 학대를 받고 자랐던 성인 남성의 뇌에서도 발견되었다 (McGowan et al., 2009).

경험이 신경세포 연결에 어떻게 영향을 미치는지를 보여 주는 뇌과학과 후성유전학은 사회적 자극이 박탈된 환경에서 자란 빅터의 뇌에 어떤 문제가 있을 것인지 예상해 볼 수 있게 한다. 빅터의 경우, 출생 후 어느 시점에서 야생에 버려진 채로 생존하다 12세 무렵 사람들에게 발견되었으므로 상당 기간 다른 사람을 보거나 상호작용을 해 본 경험이 거의 없었을 것이다. 이러한 상황에서는 사람의 얼굴과 행동을 보고 그 의미를 해석해 볼 수 있는 경험이 전혀 없었을 것이므로, 사회적 자극이 뇌로 전달되어서 신경세포가 자극되는 일이 극히 적었을 것이다. 그 결과, 사회적 자극을 처리하는 뇌 영역[1]의 신경세포가 가지치기되었을 것이다. 따라서 이후 5년간 인간 사회에서 집중적으로 교육을 했어도 변화가 일어나지 못한 것이다.

이에 반해, 루마니아 고아의 경우 보모나 다른 아이들이 주변에 있는 상황에서 자랐으므로 사회적 자극이 완전히 박탈된 상황은 아니었다. 또 유아기에 일반 가정으로 입양되어 간 루마니아 고아의 경우, 이후 사회적 자극이 풍부한 환경에서 자라게 되어 사회적 자극이 뇌

---

[1] 뇌의 후측 영역(하두정소엽과 상측 두구), 변연-부변연 영역(편도, 안와전두피질, 복내측 전전두피질 및 전대상회), 전전두 영역(배내측 전전두피질, 하외측 전두피질) 등이 마음읽기의 신경기제에 포함되는 것으로 알려져 있다(박민, 이승복, 김혜리, 윤효운, 2007; Abu-Akel, 2003).

에 입력되기 시작하였을 것이다. 따라서 사회적 정보를 처리하는 뇌 영역의 신경세포들이 자극을 받게 되면서 신경세포 간의 연결이 강화되는 조정과정을 거치면서 배선이 형성되었을 것으로 보인다.

3. 마음읽기와 마음나누기가 발달하는 환경

유전적 기초가 강한 능력의 발달도 경험의 영향을 받는다는 것을 보았다. 이제는 어떤 환경에서 아기가 마음읽기와 마음나누기를 잘하는 사람으로 성장하는지에 대해 생각해 볼 차례이다. 마음읽기 능력의 개인차를 다룬 몇몇 연구에서 또래보다 마음읽기를 더 잘하는 아동의 가족은 다음과 같은 특징이 있는 것으로 나타났다.

첫째, 주양육자가 어린 자녀를 마음을 가진 개인으로 인식할수록 아이가 마음읽기를 더 잘한다.

둘째, 가족 간에 마음에 관한 대화를 많이 할수록 아이의 마음읽기 능력이 더 발달한다.

셋째, 형제자매가 없는 외동 아동보다 형제자매가 있는 아동이 마음읽기 능력이 더 높다.

1) 주양육자의 마음의식

엄마 또는 아빠 등 주양육자가 어린 자녀를 마음을 가진 존재로 인식한다면 아이의 행동이나 표정 변화에 민감할 것이므로, 주양육자는 아이의 행동이나 표정에 대해 언어적 표현과 표정, 몸짓 등으로 신속하게 반응하게 된다. 주양육자의 이러한 반응이 아이로 하여금 주양육자의 표정 및 몸짓과 연관된 주양육자의 마음에 민감하게 함으로써, 마음에 대한 이해를 발달시킬 수 있을 것이다. 어린 아동을 마음을 가진 존재로 인식하는 성향을 '마음의식(mind-mindedness)'이라고 하는데, 주양육자의 이러한 성향이 실제로 아동에게 민감하게 반응하는 능력과 관련된다는 것이 밝혀졌다(Meins, 1997).

마인즈와 퍼니휴(Meins & Fernyhough, 1999)는 자녀가 생후 20개월일 때의 엄마의 마음의식 수준이 자녀가 3세가 되었을 때에도 유사한 수준으로 유지되는지, 또 이 두 시점에서의 엄마의 마음의식이 자녀가 5세 되었을 때의 마음읽기 능력과 관련되는지 연구하였다. 자녀가 20개월일 때 엄마의 마음의식은 다음 두 가지 특성으로 평가하였다. ① 아기가 정확하게 단어를 발성하지 않았을 때, 이를 아기가 어떤 의미를 전달하기 위해 말한 것으로 인식하는 정도, ② 자녀가 이해할 수 없는 무의미한 발성을 한다고 인식하지 않는 정도로 평가하였다. 자녀가 3세가 되었을 때의 엄마의 마음의식은 자녀에 대해 기술하게 하였을 때 신체 특성이나 행동 특성에 관한 단어보다 마음에 관련된 단어를 사용한 비율이 더 높은 정도로 평가하였다.

연구 결과, 자녀가 20개월일 때의 엄마의 마음의식 정도는 자녀가 3세가 되었을 때도 유지되었다. 또한 두 시점에서의 엄마의 마음의식 정도는 자녀가 5세가 되었을 때의 틀린 믿음 과제 수행과 정적 상관

이 있었다. 이는 주양육자가 자녀를 마음을 가진 존재로 인식하는 것
이 자녀의 마음읽기 능력의 발달에 영향을 줄 수 있음을 보여 준다.

2) 가족 간 마음에 대한 대화

가족 간에 마음에 대해 대화를 많이 하는 것은 아동이 다른 사람의
마음을 파악할 수 있게 되는 데 도움이 된다는 것이 여러 연구에서 나
타났다. 던, 브라운과 비어졸(Dunn, Brown, & Beardsall, 1991)은 아동
이 생후 36개월이 되었을 때 가정에서 부모나 손위 형제자매와 감정
에 대해 대화하는 빈도가 아동이 6세가 되었을 때 다른 사람의 정서
를 파악하는 능력과 관련됨을 보여 주었다. 6세 때의 정서를 파악하
는 능력은 두 인물이 긍정적인 정서를 공유하는 상황(예: 휴가에 대한
대화)이나 정서적으로 갈등하는 상황(예: 상대방에게 놀러 가자고 제안
하고 있는데, 상대방이 약속이 있다고 말하여 둘이 논쟁하는 상황)에 대한
비디오를 보고 두 인물의 정서를 정확하게 파악하는 정도로 평가하
였다. 생후 36개월에 가정에서 감정에 대해 대화한 정도는 아동이 6
세가 되었을 때 정서를 파악하는 능력과 정적 상관이 있었다. 또 다른
연구에서는 생후 33개월에 감정에 관해 가족 간에 대화하는 정도가
생후 40개월이 되었을 때, 상대방의 정서뿐 아니라 틀린 믿음을 파악
하는 능력과도 정적 상관이 있었다(Dunn, Brown, Slomkowski, Tesla, &
Youngblade, 1991). 즉, 4세가 되기 전 가정에서 감정에 대한 대화를 많
이 할수록 이후 다른 사람의 감정이나 틀린 믿음을 더 잘 파악하였다.

   이러한 연구는 어린 시절 마음에 관한 대화를 많이 한 아동일수록
이후 마음을 읽는 능력이 더 높다는, 어린 시절의 마음에 대한 대화와
이후 마음읽기 능력 간의 관련성을 보여 준다. 그러나 마음에 대한 대
화가 마음읽기 능력을 향상시키는 원인이 되는 것인지를 분명하게 보
여 주지는 못한다. 마음에 관한 대화가 마음이해 능력을 향상시키는
지를 밝히기 위해서는 성인이 마음읽기 능력이 부족한 아동과 마음에
관한 대화를 나눔으로써 아동의 마음읽기 능력이 향상되는지 확인해
보아야 한다. 실제로 한 연구에서 마음에 대한 대화를 통해 아동의 마
음읽기 능력이 향상되는 것이 보고되었다. 로만과 토마셀로(Lohmann
& Tomasello, 2003)는 틀린 믿음을 파악하지 못하는 만 3세 아동을 대
상으로 2주 동안 3회에 걸쳐서 외양과 실제가 다른 물건(예: 꽃처럼 보
이지만 실제로는 연필인 물건)의 외양과 실제에 대해 "이것을 무엇이라
고 **생각하니?**" "이것이 무엇처럼 **보이니?**" 등으로 마음 상태 동사를 사
용하여 아동에게 질문하여 답하게 하는 등 대화를 통해 훈련하였다.
그 결과 틀린 믿음 과제에서 정답을 말할 수 있게 되었다. 비교를 위
한 통제 조건의 아동에게는 물건을 보여 주면서 마음 상태 동사를 사
용하지 않고 "이것은 무엇이니?"라고 질문한 후, 물건의 실제를 보여
주고 다시 "이것은 무엇이니?" 등으로 질문하였다. 통제 조건의 아동
은 틀린 믿음 과제 수행이 향상되지 않았다. 이러한 결과는 마음읽기
능력이 부족한 아동과 마음에 관한 대화를 나누는 것은 아동으로 하
여금 마음에 대해 생각해 보도록 자극함으로써 마음읽기 능력을 향상
시킨다는 것을 보여 준다.

3) 형제자매의 존재

형제자매가 있으면 일상생활에서 놀이나 대화를 나누는 등의 상호작용을 더 자주 하게 된다. 형제자매는 놀이를 하는 과정에서 서로 다투기도 하고 화해하기도 하지만, 그 과정에서 자신의 마음과 상대방의 마음이 어떻게 다른지 체험한다. 이러한 체험을 통해서 마음을 읽는 능력이 더 잘 발달할 것으로 보인다. 실제로 여러 연구에서 형제자매가 있는 아동이 외동인 아동보다 마음읽기 능력이 더 빨리 발달함을 보여 주고 있다(Jenkins & Astington, 1996; Perner, Ruffman, & Leekam, 1994).

형제자매가 있는 것이 마음읽기 능력의 발달에 유리한 것은 형제자매로 인해 의사소통할 기회가 더 많고, 놀이를 할 시간이 많다는 점과 관련될 것이다. 어린 시절에는 놀이 중에서도 가장놀이를 가장 많이 하는데, 가장놀이는 마음속으로 실제와 다른 가장 상황을 생각하는 것이 필요한(제3장 참조), 마음읽기 능력이 요구되는 놀이이다. 아이들은 부모보다는 형제자매와 가장놀이를 더 많이 하며, 부모와 가장놀이를 할 때보다 형제자매와 가장놀이를 할 때 감정과 마음에 대한 대화를 더 많이 한다(Youngblade & Dunn, 1995). 이렇게 보면, 아동의 마음읽기 능력의 발달에는 양육자인 부모 못지않게 형제자매도 중요한 역할을 하는 것이다.

지금까지 살펴본 연구는 마음읽기 능력이 발달되는 환경과 관련된 연구이다. 이러한 연구가 함의하는 바는 상대방의 마음에 공명하여 상대방의 마음을 함께 경험하는 마음나누기 능력의 발달에도 적용할 수 있다. 상대방의 마음에 공명하여 상대방의 마음을 나도 경험하는 마음나누기를 하기 위해서는 상대방의 마음을 읽을 수 있어야 할 것이지만, 마음읽기에 그치지 않고 상대방의 마음을 인식하고 느낄 수 있어야 한다. 따라서 마음나누기가 발달하기 위해서는 마음에 대한 대화나 마음의 교류가 풍부한 환경이 기본적으로 필요하지만, 이에 더하여 아이 자신의 마음에 대해 공명하여 반응해 주는 사람을 보고 자라는 것이 필요하다. 어린 시절, 아이의 마음에 대해 공명하여 반응하는 사람은 아이와 정서적 유대가 강한 주양육자인 엄마와 아빠, 형제자매 등의 가족이다. 아이가 기뻐하거나 슬퍼할 때 양육자나 형제자매가 아이의 마음에 공감 반응을 하여 아이의 정서를 같이 나눌 때, 아이는 자신이 위로받는 경험을 하게 될 것이다. 이러한 경험을 통해 아이는 다른 사람이 기뻐하거나 슬퍼할 때 자신도 그 사람의 정서를 함께 나누게 될 것이다.

4. 마음읽기와 마음나누기 능력을 함양하기 위한 방법 제안

마음읽기를 잘하는 아동의 가족은, ① 주양육자의 마음의식이 높고, ② 가족 간에 마음에 관한 대화를 많이 하며, ③ 형제자매가 있어서 가장놀이 등의 상호작용을 많이 하는 세 가지 특징이 있다는 것을 앞에서 보았다. 이 세 가지 특징은 서로 독립적인 특징인 것으로 보이지만, 서로 관련되어 있다. 공통적으로 가족 간에 마음을 표현하고 마음에 대한 이야기를 자주 하는 것이 마음읽기 능력의 발달에 도움이 된다는 것을 함의한다.

마음의식이 있는 주양육자는 아기를 마음을 가진 개체로 인식하므로 아기의 몸짓, 발성, 표정 등이 아기의 인지적 마음 상태와 정서적 마음 상태를 보여 준다고 생각하고, 이에 대해 표정을 짓거나 말을 하는 등의 반응을 더 많이 한다. 이러한 주양육자의 반응은 아기에게 사회적 자극이 되어 아기와 주양육자의 상호작용이 증가하게 된다. 이러한 상호작용 과정에서 아기는 주양육자의 표정과 몸짓, 목소리 등이 전달하는 주양육자의 마음에 접하게 되는 것이다. 더욱이 마음의식이 있는 주양육자는 아기가 아직 말을 이해하지 못하더라도 아기가 미소 짓는 듯한 표정을 지으면 "우리 아기 **기분이 좋구나!** 엄마(아빠)가 안아 주니 **좋아?**"와 같이 아기의 마음에 대해 기술하는 말을 좀 더 자주 한다. 이러한 주양육자는, 아기의 언어 능력이 발달함에 따라 아기에게 아기의 마음이나 자신의 마음을 더 자주 말할 것이다.

주양육자가 마음의식이 있는 것과 같이, 형제자매가 있다는 것 또한 마음에 대한 대화가 증가하는 요인이다. 앞에서 보았듯이, 생후 33개월 된 아동은 주양육자와 놀 때보다 형제자매와 놀 때 가장놀이를 더 많이 하며, 놀이를 하면서 감정에 대한 대화를 더 자주 나눈다.

이러한 결과로 미루어 보면, 자녀의 마음읽기 능력과 마음나누기 능력을 함양시키기 위해서는 무엇보다 마음에 대한 대화를 많이 나누

는 것이 필요하다. 이에 마음에 대한 대화를 많이 나눌 수 있는 방법
을 몇 가지 제안하고자 한다.

첫째, 자녀가 어릴 때 부모는 자녀의 행동을 통제해야 할 경우가 많
아서 해야 할 일을 지시하기도 하고, 위험한 일을 할 경우에는 하지
말라고 지시하게 된다. 그러한 경우에도 "우성아, 이리 와 봐." "그거
하지 마라." 등 특정 행동을 하라, 하지 마라는 식의 지시적 대화를 지
양하는 것이 좋다. 대신, "우성아, 이리 와 봐. 엄마가 우성이 **보고 싶
네.**" "그건 위험하니 하지 마라. 다치면 **아프지? 우성이가 아프면 엄마도
아프고 슬퍼져.**" 하는 식으로 마음을 이야기한다. "이리 와 봐. 엄마가
우성이 **보고 싶네.**"라는 말은 엄마가 아이를 보고 싶어서 아이에게 오
라고 지시하는 것임을 나타내는데, 이러한 대화가 아이로 하여금 마
음과 행동 간의 관계를 이해하도록 영향을 줄 수 있을 것이다. "다치
면 **아프지? 우성이가 아프면 엄마도 아프고 슬퍼져.**"라는 말은 아이의 아
픔이 엄마에게도 아픔과 슬픔임을 알려 주는 것으로 아이의 아파하는
마음을 엄마가 이해하고, 엄마도 같이 아파하고 슬퍼하고 있다는 마
음나누기에 대해 알려 줄 수 있다.

둘째, 일상생활에서 자녀가 하는 행동에 대해서, 또는 다양한 이야
기 책이나 어린이용 TV 프로그램을 자녀와 함께 보면서 주양육자가
주인공의 행동을 마음과 관련하여 해석을 하거나, 또는 주인공이 왜
그런 행동을 했을 것인지 아이에게 질문하여 주인공의 마음을 생각해
보도록 유도함으로써 마음에 대한 이해와 민감성을 키울 수도 있다.
예를 들어, 자신이 좋아하는 장난감을 친구에게 건네주고 친구와 같

이 놀고 있는 주인공 아이의 행동을 보면서, "저 애는 자기가 가지고 놀고 싶은 장난감을 친구에게 가지고 놀라고 주네. **착한** 아이네. 친구를 **좋아하는** 모양이다." "장난감을 받은 아이는 **좋은**가 보다. **친구가 좋아하니까 장난감을 준 아이도 기분이 좋아 보이지?**"와 같은 이야기를 함으로써 마음읽기를 유도할 수 있다. 그런 후 마음나누기를 유도하기 위해 "장난감을 준 **아이의 기분을 우리도 함께 느껴 보자.** 저 아이의 **표정을 따라 해 보자.**"라고 이야기하면서 주양육자와 자녀가 같이 표정을 짓고 어떤 감정이 느껴지는지 이야기해 보는 것도 좋은 방법이다(이해자, 이현진, 김혜리, 2018). 자녀와 함께 책을 읽거나 자녀에게 책을 읽어 주는 경우와 같이, 주인공의 표정이나 행동을 시각적으로 볼 수 없는 경우, 책을 같이 읽으면서 "책 속의 아이가 어떤 기분인지 **우리도 느껴 보자.** 우리도 **같이 표정을 지어 보자.**"라고 유도할 수 있다.

셋째, 마음읽기 능력을 연구하기 위해 심리학자들이 사용했던 과제들을 자녀와 함께 놀이도구로 활용하여 마음에 대해 질문하고 아이에게 답하도록 유도함으로써 마음에 대한 대화를 나눌 수 있다. 또 이를 통해 아이의 마음읽기 능력을 함양시킬 수 있다. 이러한 다양한 과제들은 제3장에 기술되어 있는데, 한 가지 예가 틀린 믿음을 묻는 맥시 과제와 스마티 과제이다. 과제의 이야기 줄거리를 아이에게 적합하게 각색하고, 인형을 사용하여 이야기 줄거리를 인형극 형식으로 만들어서 아이에게 질문하고 답하게 함으로써 틀린 믿음을 이해할 수 있도록 자극할 수 있다. 다음과 같은 시나리오가 한 예가 될 수 있다.

> 엄마가 아기를 재우고 있어.
> "아가야 잘 자라, 자장자장."
> 마침내 아기는 잠이 들었어.
> 아기가 잠든 사이에 엄마는 "저녁을 해야지." 하면서 밥 하러 부엌으로 갔어.
> 그사이 아기가 깨어나서 "엄마, 엄마." 하면서 엄마를 찾다가 책상 밑으로 기
> 어가서 거기서 잠이 들었어.
> 엄마는 반찬을 맛있게 만든 후 "우리 아기 잘 자나?" 하면서 아기를 보러 방
> 으로 들어왔어.

　인형을 사용하여 시나리오를 이야기해 준 후, 다음과 같은 질문을 하여 시나리오 내용을 이해했는지 확인하고 마음에 대한 질문을 하여 마음에 대해 생각해 보도록 한다.

> 확인 질문 1: 엄마는 아기를 어디에 재웠니?
> 확인 질문 2: 엄마가 부엌에 밥 하러 간 사이에 아기는 어디로 갔니?
> 질문 1: 엄마는 아기가 어디에 있다고 생각할까?
> 질문 2: 엄마는 밥을 다 하고 나서 아기를 보러 어디로 갈까?
> 질문 3: 아기는 지금 어디에 있지?

　질문에 정확하게 답하지 못하면 정답을 말할 수 있도록 유도하여 (예: 질문 1에 정답을 말하지 못했을 경우, 엄마는 아기가 책상 밑으로 기어간 것을 보지 못했다는 사실을 상기시켜 준다.) 점차 마음에 대해 이해할 수 있도록 한다. 이러한 시나리오를 애니메이션으로 만들어서 학습시켰을 경우, 일반 아동과 자폐 스펙트럼 장애 아동의 틀린 믿음 이해 능력이 학습 후 짧게는 2주 길게는 2개월 이후까지 학습 효과가 지

속되는 것으로 나타났다(김혜리 외, 2001; 김혜리, 김수진, 2002; Hadwin, Baron-Cohen, Howlin, & Hill, 1996). 다양한 마음읽기 과제를 놀이 형식으로 일상생활에서 자주 활용하면 마음읽기 능력이 점차 향상되어 마음에 대한 이해 능력이 전반적으로 향상될 수 있을 것이다.

마음읽기 능력을 평가하기 위해 개발된 연구 과제를 마음읽기 능력 향상을 위한 학습 과제로 사용하는 방법에 대한 실용적인 지침서로 『자폐아동도 마음읽기를 배울 수 있다(Teaching Children with Autism to Mind-Read』(Howlin, Baron-Cohen, & Hadwin, 1999/2001)와 『마음읽기 가르치기 워크북(Teaching Children with Autism to Mind-Read: The Workbook』(Hadwin, Howlin, & Baron-Cohen, 2015/2018)이 있다. 이 책에 제시된 여러 과제를 자녀의 흥미에 맞게 적절하게 응용하여 사용하면 마음읽기와 마음나누기를 함양하는 데 도움이 될 것이다. 이 방법은 지루한 학습과정이 아닌 즐거운 놀이를 통해서 다른 사람의 마음에 대해 생각하고 느껴 보는 기회를 제공해 줄 것이다.

앞과 같은 방법 외에도 자녀와 함께 마음에 대한 대화를 나눌 수 있는 다양한 방법을 주양육자가 일상생활에서 찾아서 자녀에게 맞게 활용할 수 있을 것이다. 자녀가 말을 알아들을 수 있게 되면 다양한 방법으로 마음에 대해 대화하는 기회를 가지는 것이 좋다. 이러한 대화를 통해 자녀의 마음읽기와 마음나누기 능력이 발달하여 다른 사람들과 친사회적으로 잘 어울리는 사람으로 성장하게 될 것이다.

자라나는 아동의 마음읽기와 마음나누기를 함양하려는 가장 기본적인 노력은 지금까지 본 것과 같이 가정에서 양육과정을 통해 지도

하는 것이다. 그러나 사회 전체가 마음읽기와 마음나누기 능력의 중요성을 인식하고, 이를 함양하려는 노력을 하는 것도 필요하다. 사회 차원에서는 함께하는 공동체 문화와 마음가짐에 대한 공익광고 등을 통해 사람들에게 마음읽기와 마음나누기의 중요성을 알도록 할 수 있다. 학교 맥락에서는 도덕 시간과 과외활동 시간을 활용할 수 있다. 마음읽기와 마음나누기를 통해 다른 사람을 배려하고 다른 사람과 유대를 맺고 협력하는 것이 경쟁하는 것보다 모두에게 이득이 된다는 가치관의 교육을 도덕 시간에 할 필요가 있다. 또 다른 사람을 배려하고 협동하는 것의 중요성을 학생들이 체험할 수 있도록 협동 과제와 단독 과제를 주어서 각 과제의 장단점을 알도록 할 수 있다. 협동 과제의 경우, 다른 학생의 마음을 읽고 마음을 나누는 것이 필요하므로 과제를 함으로써 마음읽기와 마음나누기를 함양할 수 있을 것이다. 또 어려움에 처한 사람들을 돕는 봉사활동을 적극 권장함으로써, 어려움에 처한 사람의 상황을 보고 그들이 원하는 것이 무엇인지 그 마음을 파악하고 그 마음에 공명하는 경험을 하도록 지도하는 것도 중요하다.

　가정과 학교, 지역 사회 등 사회 전반에서 마음읽기와 마음나누기의 중요성을 인식하고 이를 함양하려는 노력을 할 때, 개개인의 마음이 풍요로워질 뿐만 아니라 사회의 분위기도 통합적이 되어 함께하는 사회로 발전할 것이다.

INTRODUCTION
TO
PSYCHOLOGY

참고문헌 ⫷

구재선, 김혜리, 양혜영, 김경미, 정명숙, 이수미, 최현옥(2008). 중학생의 마음
　　이해 능력과 사회적 상호작용. 한국심리학회지: 사회 및 성격, 22(2), 17-33.

김경미, 김혜리, 정명숙, 양혜영, 구재선(2008). 유치원 아동의 마음이론과
　　사회적 능력의 관계. 한국심리학회지: 발달, 21(3), 21-39.

김경미, 김혜리, 정명숙, 양혜영, 구재선, 차재연(2007). 아동의 시선이해 발
　　달과 마음이론과의 관계. 한국심리학회지: 발달, 20(2), 1-16.

김미영(2015). 현대 사회에 존재하는 공동체의 여러 형식. 사회와 이론, 통권
　　제27집, 181-218.

김아름, 김혜리(2009). 또래지위에 따른 마음읽기 능력의 차. 한국심리학회지:
　　학교, 6(2), 149-169.

김혜리(1997). 아동의 마음에 대한 이해 발달: 틀린 믿음에 대한 이해로 살
　　펴본 마음-이론의 발달. 한국심리학회지: 발달, 10(1), 75-91.

김혜리(2000a). 어린 아동의 실제 정서와 표면 정서의 이해: 아동의 마음이
　　론. 한국심리학회지: 발달, 13(1), 1-19.

김혜리(2000b). 정서추론으로 살펴본 믿음에 대한 아동의 이해. 인간발달연
　　구, 7(2), 15-30.

김혜리(2005). 심리학자로서의 아동: 심리지식의 발달. 인지과학, 16(1), 29-52.

김혜리(2013). 또래괴롭힘 참여 역할에 따른 인지적·정서적 공감의 차이.
　　한국심리학회지: 발달, 26(4), 1-20.

김혜리, 구재선, 김경미, 김붕년, 김재원, 박민, 박수진, 박태원, 손정우, 신
　　민섭, 양혜영, 유희정, 윤효운, 이승복, 정명숙, 정운선, 조경자, 조인
　　희, 조수철, 차화정, 최현옥(2011). 자폐 스펙트럼 장애에 대한 극단
　　적 남성 뇌 이론의 검증. 한국심리학회지: 발달, 24(1), 19-38.

김혜리, 구재선, 김경미, 양혜영, 정명숙, 최현옥, 이수미(2007). 학령기와

그 이후의 마음이해 발달: 애매한 상황에서의 마음읽기 능력. 한국심리학회지: 발달, 20(1), 21-49.

김혜리, 김수진(2002). 학습 효과로 살펴본 틀린 믿음 이해 능력의 발달적 변화. 한국심리학회지: 발달, 15(3), 33-54.

김혜리, 박선미, 황순택, 이현진, 박영신, 이수경, 신철진, 이문숙(2001). 자폐 아동의 마음에 대한 이해. 한국심리학회지: 발달, 14(1), 15-32.

김혜리, 손정우, 엄진섭, 정명숙, 박민, 박영옥, 천영운, 문은옥(2012). 얼굴 표정 자극에 대한 아동의 안면모방과 정서공감 간의 관계. 한국심리학회지: 발달, 24(4), 433-452.

김혜리, 이숙희(2005). 인기 있는 아동은 마음읽기를 잘하나? 한국심리학회지: 발달, 18(1), 1-18.

김혜리, 정명숙, 손정우, 이문숙, 이수경(2004). 마음이해 능력의 발달과 표상 능력의 발달 II: 자폐, 정신지체 및 정상 아동 비교 연구. 한국심리학회지: 발달, 17(2), 81-100.

문은옥, 김혜리, 천영운, 김태화, 최현옥(2014). 품행문제 청소년의 공감손상: 인지공감의 손상인가 정서공감의 손상인가? 한국심리학회지: 발달, 27(3), 127-149.

민찬홍(1997). 지향성-문제와 접근. 인지과학, 8(1), 7-36.

박민, 이승복, 김혜리, 윤효운(2007). 마음이론의 신경 기초. 한국심리학회지: 일반, 26(2), 39-62.

박선미, 이현진, 김혜리, 정명숙, 양혜영, 변은희, 김경아, 김영숙(2005a). 한국 아동의 물리, 심리, 생물지식의 발달(I): 인지 발달은 영역특정적인가? 한국심리학회지: 일반, 24(1), 23-47.

박선미, 이현진, 김혜리, 정명숙, 양혜영, 변은희, 김경아, 김영숙(2005b). 한국 아동의 물리, 심리, 생물지식의 발달(II): 인지 발달은 이론 발달인가? 한국심리학회지: 일반, 24(1), 49-74.

신유림(2004). 유아의 마음의 이론과 사회적 능력과의 관련성에 대한 연구. 유아교육연구, 24(3), 209-223.

양혜영, 김혜리, 김경미, 구재선, 정명숙, 박은혜(2008). 초등학생의 마음이론과 사회적 능력의 관계. 한국심리학회지: 발달, 21(1), 31-47.

오인수(2010). 괴롭힘을 목격한 주변인의 행동에 영향을 미치는 심리적 요

인: 공감과 공격성을 중심으로. 초등교육연구, 23(1), 45-63.

이수미, 김혜리(2000). 3, 4세 아동의 속임수에 대한 이해: 상위표상과 마음이론. 인간발달연구, 7(2), 31-49.

이수미, 김혜리, 김아름(2007). 이차순위 마음 상태 이해의 발달적 변화. 한국심리학회지: 발달, 20(4), 1-16.

이수미, 조경자, 김혜리(2012). 얼굴 표정을 통한 정서읽기 능력의 발달적 변화. 한국심리학회지: 발달, 25(3), 55-72.

이해자, 이현진, 김혜리(2018). 얼굴 표정 모방을 활용한 공감 증진 프로그램 개발 및 효과. 인지발달중재학회지, 9(1), 31-47.

전명숙, 김혜리(1999). 정서 추론으로 살펴본 믿음과 바람에 대한 아동의 이해. 인간발달연구, 6(1), 102-122.

조경자, 박수진, 송인혜, 김혜리(2007). 정서 상태와 얼굴 표정 간의 연결 능력의 발달. 감성과학, 10(1), 127-138.

차화정, 김혜리, 이수미, 엄진섭, 이승복(2011). 자기보고형 한국어판 아동용 공감지수(EQ-C)척도의 타당화 예비 연구. 한국심리학회지: 발달, 24(4), 63-81.

Abu-Akel, A. (2003). A neurobiological mapping of theory of mind. *Brain Research Reviews, 43*(1), 29-40.

Adelmann, P. K., & Zajonc, R. B. (1989). Facial efference and the experience of emotion. *Annual Review of Psychology, 40*, 249-280.

APA (2013). *Diagnostic and statistical manual of mental disorders* (5th ed.). Washington, DC: American Psychiatric Association.

Astington, J. W. (1993). *The child's discovery of the mind.* Cambridge, Mass: Harvard University Press.

Astington, J. W. (2003). Sometimes necessary, never sufficient: False-belief understanding and social competence. In B. Repacholi & V. Slaughter (Eds.), *Individual differences in theory of mind: Implications for typical and atypical development* (pp. 13-38). New York, NY: Psychology Press.

Astington, J. W., & Jenkins, J. M. (1995). Theory of mind development and social understanding. *Cognition and Emotion, 9*(2-3), 151-165.

Astington, J. W., Pelletier, J., & Homer, B. (2002). Theory of mind and epistomological development: The relation between children's second-order false-belief understanding and their ability to reason about evidence. *New Ideas in Psychology, 20*(2-3), 131-144.

Auyeung, B., Wheelwright, S., Allison, C., Atkinson, M., Samarawickrema, N., & Baron-Cohen, S. (2009). The children's empathy quotient and systemizing quotient: Sex differences in typical development and in autism spectrum conditions. *Journal of Autism and Developmental Disorders, 39*(11), 1509-1521.

Baillargeon, R., Scott, R. M., & Bian, L. (2016). Psychological reasoning in infancy. *The Annual Review of Psychology, 67,* 159-186.

Baldwin, D. A., & Moses, L. J. (1994). Early understanding of referential intent and attentional focus: Evidence from language and emotion. In C. Lewis & P. Mitchell (Eds.), *Children's early understanding of mind: Origins and development* (pp. 133-156). Lawrence Erlbaum Associates, Inc.

Banks, M. S., & Salapatek, P. (1983). Infant visual perception. In M. M. Haith & J. Campos (Eds.), *Handbook of child psychology: Biology and infancy* (pp. 435-572). New York: John Wiley.

Baron-Cohen, S. (2005). 마음흘: 자폐증과 마음이론에 관한 과학에세이 (*Mindblindness: An essay on autism and theory of mind*). (김혜리, 이현진 공역). 서울: 시그마프레스. (원저는 1995년에 출판).

Baron-Cohen, S. (2007). 그 남자의 뇌, 그 여자의 뇌: 뇌과학과 심리 실험으로 알아보는 남녀의 근본적 차이 (*The essential difference: The truth about the male and female brain*). (김혜리, 이승복 공역). 서울: 바다출판사. (원저는 2003년에 출판).

Baron-Cohen, S., & Cross, P. (1992). Reading the eyes: Evidence for the role of perception in the development of a theory of mind. *Mind & Language, 7*(1-2), 172-186.

Baron-Cohen, S., Campbell, R., Karmiloff-Smith, A., Grant, J., &

Walker, J. (1995). Are children with autism blind to the mentalistic significance of the eyes? *British Journal of Developmental Psychology, 13*(4), 379–398.

Baron–Cohen, S., Leslie, A. M., & Frith, U. (1985). Does the autistic child have a "theory of mind"? *Cognition, 21*(1), 37–46.

Baron–Cohen, S., O'Riordan, M., Stone, V., Jones, R., & Plaisted, K. (1999). Recognition of faux pas by normally developing children and children with Asperger syndrome or high–functioning autism. *Journal of Autism and Developmental Disorders, 29*(5), 409–418.

Baron–Cohen, S., & Wheelwright, S. (2004). The empathy quotient: An investigation of adults with Asperger syndrome or high functioning autism, and normal sex differences. *Journal of Autism and Developmental Disorders, 34*(2), 163–175.

Baron–Cohen, S., Wheelwright, S., Hill, J., Raste, Y., & Plumb, I. (2001). The "reading the mind in the eyes" test revised version: A study with normal adults, and adults with Asperger syndrome or high–functioning autism. *Journal of Child Psychology and Psychiatry, 42*(2), 241–251.

Baron–Cohen, S., Wheelwright, S., & Jolliffe, T. (1997). Is there a "language of the eyes"? Evidence from normal adults, and adults with autism or Asperger syndrome. *Visual Cognition, 4,* 311–331.

Barrett, L. F. (2020). *Seven and a half lessons about the brain.* Boston, MA: Houghton Mifflin Harcourt.

Bartsch, K., & Wellman, H. M. (1989). Young children's attribution of action to beliefs and desires. *Child Development, 60*(4), 946–964.

Bartsch, K., & Wellman, H. M. (1995). *Children talk about the mind.* New York: Oxford University Press.

Basch, M. F. (1983). Empathic understanding: A review of the concept and some theoretical considerations. *Journal of the American Psychoanalytic Association, 31*(1), 101–126.

Batson, C. D., Fultz, J., & Schoenrade, P. A. (1987). Adults' emotional reactions to the distress of others. In N. Eisenerg & J. Strayer (Eds.), *Empathy and its development* (pp. 163–184). Cambridge: Cambridge University Press.

Beall, P. M., Moody, E. J., McIntosh, D. N., Hepburn, S. L., & Reed, C. L. (2008). Rapid facial reactions to emotional facial expressions in typically developing children and children with autism spectrum disorder. *Journal of Experimental Child Psychology, 101*(3), 206–223.

Belacchi, C., & Farina, E. (2012). Feeling and thinking of others: Affective and cognitive empathy and emotion comprehension in prosocial/hostile preschoolers. *Aggressive Behavior, 38*(2), 150–165.

Berk, L. E. (2007). *Development through the lifespan* (4th ed.). Boston, MA: Pearson Education.

Blair, J., Sellars, C., Strickland, I., Clark, F., Williams, A., Smith, M., & Jones, L. (1996). Theory of mind in the psychopath. *Journal of Forensic Psychiatry, 7*(1), 15–25.

Blair, R. J. R., Jones, L., Clark, F., & Smith, M. (1997). The psychopathic individual: A lack of responsiveness to distress cues? *Psychophysiology, 34*(2), 192–198.

Bluma, S., Shearer, M., Frohman, A., & Hilliard, J. (1976). *The portage guide to early education checklist.* Portage, WI: Portage Project Co-operative Educational Service Agency 12.

Borke, H. (1971). Interpersonal perception of young children: Egocentrism or empathy? *Developmental Psychology, 5*(2), 262–269.

Bosacki, S., & Astington, J. W. (1999). Theory of mind in preadolescence: Relations between social understanding and social competence. *Social Development, 8*(2), 237–255.

Brentano, F. (1874/1960). The distinction between mental and physical phenomena. In R. M. Chisholm (Ed.), *Realism and the background of phenomenology* (pp. 39–61). New York: Free Press.

Bretherton, I., McNew, S., & Beeghly-Smith, M. (1981). Early person knowledge as expressed in gestural and verbal communication:

When do infants acquire a "theory of mind"? In M. E. Lamb & L. R. Sherrod (Eds.), *Infant social cognition* (pp. 333-373). Hillsdale, N.J.: Erlbaum.

Brooks, R., & Meltzoff, A. N. (2005). The development of gaze following and its relation to language. *Developmental Science, 8*(6), 535-543.

Brothers, L. (1990). The social brain: A project for integrating primate behavior and neurophysiology in a new domain. *Concepts in NeuroScience, 1,* 27-51.

Bruell, M., & Woolley, J. D. (1997). Children's understanding of false phtographs and false beliefs: Conceptual deficit or faulty analog? Poster presented at the Society for Research in Child Development, Washington, D.C.

Bryant, B. K. (1982). An index of empathy for children and adolescents. *Child Development, 53*(2), 413-425.

Byrne, R. W., & Whiten, A. (1988). *Machiavellian intelligence: Social expertise and the evolution of intellect in monkeys, apes, and humans.* Oxford: Clarendon Press/Oxford University Press.

Cacioppo, J. T., Petty, R. E., Losch, M. E., & Kim, H. S. (1986). Electromyographic activity over facial muscle regions can differentiate the valence and intensity of affective reactions. *Journal of Personality and Social Psychology, 50*(2), 260-268.

Capage, L., & Watson, A. C. (2001). Individual differences in theory of mind, aggressive behavior, and social skills in young children. *Early Education and Development, 12*(4), 613-628.

Carpenter, M., Akhtar, N., & Tomasello, M. (1998). Fourteen-through 18-month-old infants differentially imitate intentional and accidental actions. *Infant Behavior & Development, 21*(2), 315-330.

Charman, T., & Baron-Cohen, S. (1992). Understanding drawings and beliefs: A further test of the metarepresentation theory of autism: A research note. *Journal of Child Psychology & Psychiatry & Allied Disciplines, 33*(6), 1105-1112.

Cosmides, L. (1989). The logic of social exchange: Has natural selection shaped how humans reason? Studies with the Wason selection task. *Cognition, 31*(3), 187-276.

Cosmides, L., Tooby, J., & Barkow, J. (1992). Introduction: Evolutionary psychology and conceptual integration. In J. Barkow, L. Cosmides, & J. Tooby (Eds.), *The adapted mind: Evolutionary psychology and the generation of culture* (pp. 3-15). New York, NY: Oxford University Press.

Cuming, S., & Repacholi, B. (1999). *Is there a link between children's peer relationships and their theory of mind?* Poster presented at the 11th Australian Human Development Association Conference, Sydney, Australia.

Dapretto, M., Davies, M. S., Pfeifer, J. H., Scott, A., Sigman, M. M., Bookheimer, S. Y., & Iacoboni, M. (2006). Understanding emotions in others: Mirror neuron dysfunction in children with autism spectrum disorders. *Nature Neuroscience, 9*(1), 28-30.

Darwin, C. (1872). *The expression of the emotions in man and animals.* Chicago: University of Chicago Press.

Davis, M. H. (1983). Measuring individual differences in empathy: Evidence for a multidimensional approach. *Journal of Personality and Social Psychology, 44*(1), 113-126.

de Waal, F. B. M. (2004). 침팬지 폴리틱스: 권력 투쟁의 동물적 기원 (*Chimpanzee politics: Power and sex among apes*). (황상익, 장대익 공역). 서울: 바다출판사. (원저는 1982년에 출판).

de Waal, F. B. M., & Lanting, F. (2003). 보노보: 잊혀진 유인원 (*Bonobo: The forgotten ape*). (김소정 역). 서울: 새물결출판사. (원저는 1997년에 출판).

de Wied, M., van Boxtel, A., Zaalberg, R., Goudena, P., & Matthys, W. (2006). Facial EMG responses to dynamic emotional facial expressions in boys with disruptive behavior disorders. *Journal of Psychiatric Research, 40,* 112-121.

DeCasper, A. J., & Fifer, W. P. (1980). Of human bondings: Newborns prefer their mother's voices. *Science, 208*(4448), 1174-1176.

Dennett, D. C. (Ed). (1978). *Brainstorms: Philosophical essays on mind and psychology.* Hassocks: Harvester.

Dimberg, U., & Thunberg, M. (1998). Rapid facial reactions to different emotionally relevant stimuli. *Scandinavian Journal of Psychology, 39*(1), 39-45.

Dimberg, U., Thunberg, M., & Elmehed, K. (2000). Unconscious facial reactions to emotional expressions. *Psychological Science, 11*, 86-89.

Dimberg, U., Thunberg, M., & Grunedal, S. (2002). Facial reactions to emotional stimuli: Automatically controlled emotional responses. *Cognition and Emotion, 16*(4), 449-471.

Dolan, M., & Fullam, R. (2007). Empathy, antisocial behavior and personality pathology. In T. Farrow & P. Woodruff (Eds.), *Empaty in mental illness* (pp. 33-48). New York: Cambridge University Press.

Dunn, J. (1995). Children as psychologists: The later correlates of individual differences in understanding emotions and other minds. *Cognition and Emotion, 9*(2-3), 187-201.

Dunn, J., Brown, J., & Beardsall, L. (1991). Family talk about feeling states and children's later understanding of others' emotions. *Developmental Psychology, 27*(3), 448-455.

Dunn, J., Brown, J., Slomkowski, C., Tesla, C., & Youngblade, L. (1991). Young children's understanding of other people's feelings and beliefs: Individual differences and their antecedents. *Child Development, 62*(6), 1352-1366.

Eisenberg, N. (2010). Empathy-related responding: Links with self-regulation, moral judgment, and moral behavior. In M. Mikulincer & P. R. Shaver (Eds.), *Prosocial motives, emotions, and behavior: The better angels of our nature* (pp. 129-148). Washington, DC: American Psychological Association.

Eisenberg, N., & Fabes, R. A. (1990). Empathy: Conceptualization, measurement, and relation to prosocial behavior. *Motivation and Emotion, 14,* 131-149.

Eisenberg, N., & Miller, P. A. (1987). The relation of empathy to prosocial and related behaviors. *Psychological Bulletin, 101*(1), 91-119.

Ekman, P., & Friesen, W. V. (1971). Constants across cultures in the face and emotion. *Journal of Personality and Social Psychology, 17*(2), 124-129.

Ekman, P., Friesen, W. V., & Ancoli, S. (1980). Facial signs of emotional experience. *Journal of Personality and Social Psychology, 39*(6), 1125-1134.

Endresen, I. M., & Olweus, D. (2002). Self-reported empathy in Norwegian adolescents: Sex differences, age trends, and relationship to bullying. In A. C. Bohart & D. J. Stipek (Eds.), *Constructive and destructive behavior: Implications for family, school, and society* (pp. 147-165). Washington, DC: American Psychological Association.

Feshbach, N. D. (1987). Parental emapathy and child adjustment/ maladjustment. In N. Eisenerg & J. Strayer (Eds.), *Empathy and its development* (pp. 271-291). Cambridge: Cambridge University Press.

Flavell, J. H., Everett, B. A., Croft, K., & Flavell, E. R. (1981). Young children's knowledge about visual perception: Further evidence for the Level 1-Level 2 distinction. *Developmental Psychology, 17*(1), 99-103.

Flavell, J. H., Flavell, E. R., & Green, F. L. (1983). Development of the appearance-reality distinction. *Cognitive Psychology, 15*(1), 95-120.

Francis, D. D., Diorio, J., Liu, D., & Meaney, M. J. (1999). Nongenomic transmission across generations of maternal behavior and stress responses in the rat. *Science, 286,* 1155-1158.

Freeman, N. H., & Lacohée, H. (1995). Making explicit 3-year-olds' implicit competence with their own false beliefs. *Cognition, 56*(1), 31-60.

Frith, U. (2003). *Autism: Explaining the enigma* (2nd ed.). Malden, MA: Wiley-Blackwell Publishing.

Gergely, G., Bekkering, H., & Király, I. (2002). Rational imitation in preverbal infants. *Nature, 415*(6873), 755.

Gini, G., Albiero, P., Benelli, B., & Altoè, G. (2007). Does empathy predict adolescents' bullying and defending behavior? *Aggressive Behavior, 33*(5), 467-476.

Gopnik, A. (1993). How we know our minds: The illusion of first-person knowledge of intentionality. *Behavioral and Brain Sciences, 16*(1), 1-14.

Gopnik, A., & Astington, J. W. (1988). Children's understanding of representational change and its relation to the understanding of false belief and the appearance-reality distinction. *Child Development, 59*(1), 26-37.

Gopnik, A., & Wellman, H. M. (1994). The theory theory. In L. Hirshfield & S. Gelman (Eds.), *Mapping the mind: Domain specificity in cognition and culture* (pp. 257-293). New York: Cambridge University Press.

Gottlieb, G. (2000). Environmental and behavioral influences on gene activity. *Current Directions in Psychological Science, 9*(3), 93-97.

Greenwald, M. K., Cook, E. W., & Lang, P. J. (1989). Affective judgement and psychophysiological response: Dimensional covariation in the evaluation of pictorial stimuli. *Journal of Psychophysiology, 3*(1), 51-64.

Hadwin, J. A., Baron-Cohen, S., Howlin, P., & Hill, K. (1996). Can we teach children with autism to understand emotions, belif, or pretence? *Development and Psychopathology, 8*(2), 345-365.

Hadwin, J. A., Howlin, P., & Baron-Cohen, S. (2018). 마음읽기 가르치기 워크북: 자폐 스펙트럼 아동 교육지침서 (*Teaching children with autism to mind-read: The workbook*). (김혜리, 권은영 공역). 서울: 시그마프레스. (원저는 2015년에 출판).

Happé, F. (1994). An advanced test of theory of mind: Understanding of story characters' thoughts and feelings by able autistic, mentally handicapped, and normal children and adults. *Journal of Autism and Developmental Disorders, 24,* 129-148.

Happé, F., & Frith, U. (1996). Theory of mind and social impairment in children with conduct disorder. *British Journal of Developmental Psychology, 14*(9984), 385-398.

Hare, B., & Kwetuenda, S. (2010). Bonobos voluntarily share their own food with others. *Current Biology, 20*(5), R230-R231.

Hare, B., & Woods, V. (2021). 다정한 것이 살아남는다 (*Survival of the frendliest: Understanding our origins and rediscovering our common humanity*). (이민아 역, 박한선 감수). 경기: 디플롯. (원저는 2020년에 출판).

Harris, P. L., Donnelly, K., Guz, G. R., & Pitt-Watson, R. (1986). Children's understanding of the distinction between real and apparent emotion. *Child Development, 57*(4), 895-909.

Harris, P. L., & Gross, D. (1988). Children's understanding of real and apparent emotion. In J. W. Astington, P. L. Harris, & D. R. Olson (Eds.), *Developing theories of mind* (pp. 295-314). New York, NY: Cambridge University Press.

Hatfield, E., Cacioppo, J. T., & Rapson, R. L. (1994). *Emotional contagion*. New York: Cambridge University Press.

Herrmann, E., Hare, B., Call, J., & Tomasello, M. (2010). Differences in the cognitive skills of bonobos and chimpanzees. *PLoS ONE, 5*(8), e12438. Doi: 10.1371/journal.pone.0012438

Hoffman, M. L. (2000). *Empathy and moral development: Implications for caring and justice*. New York: Cambridge University Press.

Hogan, R. (1969). Development of an empathy scale. *Journal of Consulting and Clinical Psychology, 33*(3), 307-316.

Howlin, P., Baron-Cohen, S., & Hadwin, J. A. (2001). 자폐 아동도 마음읽기를 배울 수 있다: 교사와 부모를 위한 실용적 지침서 (*Teaching children with autism to mind-read: A practical guide*). (김혜리, 유경 공역). 서울: 시그마프레스. (원저는 1999년에 출판).

Hughes, C., & Leekam, S. (2004). What are the links between theory of mind and social relations? Review, reflections and new directions for studies and atypical development. *Social Development, 13*(4), 590-619.

Hughes, C., White, A., Sharpen, J., & Dunn, J. (2000). Antisocial, angry, and unsympathetic: "Hard to manage" preschoolers' peer problems, and possible cognitive influences. *Journal of Child Psychology and Psychiatry, 41*(2), 169-179.

Humphrey, N. (1984). *Consciousness regained: Chapters in the development of mind.* New York, NY: Oxford University Press.

Humphrey, N. (2003). 감정의 도서관: 인간의 의식 진화에 관한 다큐멘터리 (*The inner eye: Social intelligence in evolution*). (김은정 역). 서울: 이제 이북스. (원저는 1986년에 출판).

Izard, C. E., & Malatesta, C. Z. (1987). Perspectives on emotional development: Differential emotions theory of early emotional development. In J. D. Osofsky (Ed.), *Handbook of infant development* (pp. 494-554). New York: Wiley.

Jenkins, J. M., & Astington, J. W. (1996). Cognitive factors and family structure associated with theory of mind development in young children. *Developmental Psychology, 32*(1), 70-78.

Johnson, M. H., & Morton, J. (1991). *Biology and cognitive development: The case of face recognition.* Oxford: Blackwell.

Jolliffe, D., & Farrington, D. P. (2006a). Development and validation of the Basic Empathy Scale. *Journal of Adolescence, 29*(4), 589-611.

Jolliffe, D., & Farrington, D. P. (2006b). Examining the relationship between low empathy and bullying. *Aggressive Behavior, 32*(6), 540-550.

Jolliffe, T., & Baron-Cohen, S. (1999). The strange stories test: A replication with high-funtioning adults with autism or Asperger syndrome. *Journal of Autism and Developmental Disorders, 29*(5), 395-406.

Kaminski, J., Call, J., & Tomasello, M. (2008). Chimpanzees know what others know, but not what they believe. *Cognition, 109*(2), 224-234.

Kreibig, S. D. (2010). Autonomic nervous system activity in emotion: A review. *Biological Psychology, 84*(3), 394–421.

Laird, J. D. (1984). The real role of facial response in the experience of emotion: A reply to Tourangeau and Ellsworth, and others. *Journal of Personality and Social Psychology, 47*(4), 909–917.

Lalonde, C. E., & Chandler, M. J. (1995). False belief understanding goes to school: On the social–emotional consequences of coming early or late to a first theory of mind. *Cognition and Emotion, 9*(2–3), 167–185.

Leekam, S., & Perner, J. (1991). Does the autistic child have a "metarepresentational" deficit? *Cognition, 40,* 203–218.

Legerstee, M. (1991). The role of people and objects in early imitation. *Journal of Experimental Child Psychology, 51,* 423–433.

Lempers, J. D., Flavell, E. R., & Flavell, J. H. (1977). The development in very young children of tacit knowledge concerning visual perception. *Genetic Psychology Monographs, 95,* 3–53.

Leslie, A. M. (1987). Pretence and representation: The origins of theory of mind. *Psychological Review, 94,* 412–426.

Leslie, A. M. (1994). Pretending and believing: Issues in the theory of ToMM. *Cognition, 50*(1–3), 211–238.

Leslie, A. M., & Thaiss, L. (1992). Domain specificity in conceptual development: Neuropsychological evidence from autism. *Cognition, 43*(3), 225–251.

Levenson, R. W., & Ruef, A. M. (1992). Empathy: A physiological substrate. *Journal of Personality and Social Psychology, 63*(2), 234–246.

Lewin, R. (1992). *Human evolution: An illustrated introduction.* Oxford: Balckwell.

Lewis, C., Freeman, N. H., Hagestadt, C., & Douglas, H. (1994). Narrative access and production in preschoolers' false belief reasoning. *Cognitive Development, 9*(4), 397–424.

Lewis, C., & Osborne, A. (1990). Three–year–olds' problems with false belief: Conceptual deficit or linguistic artifact? *Child Development,*

61(5), 1514-1519.

Lipps, T. (1907). Das wissen von fremden ichen. *Psychologischen Untersuchungen, 1,* 694-722.

Lohmann, H., & Tomasello, M. (2003). The role of language in the development of false belief understanding: A training study. *Child Development, 74*(4), 1130-1144.

Masangkay, Z. S., McCluskey, K. A., McIntyre, C. W., Sims-Knight, J., Vaughn, B. E., & Flavell, J. H. (1974). The early development of inferences about the visual percepts of others. *Child Development, 45*(2), 357-366.

Matson, J. L., Rotatori, A. F., & Helsel, W. J. (1983). Development of a rating scale to measure social skills in children: The Matson Evaluation of Social Skills with Youngsters (MESSY). *Behavior Research Therapy, 21*(4), 335-340.

Maurer, D., Mondloch, C. J., & Lewis, T. L. (2007). Effects of early visual deprivation on perceptual and cognitive development. In C. von Hofsten & K. Rosander (Eds.), *Progress in Brain research, 164,* 87-104.

McGowan, P. O., Sasaki, A., D'Alessio, A. C., Dymov, S., Labonté, B., Szyf, M., Turecki, G., & Meaney, M. J. (2009). Epigenetic regulation of the glucocorticoid receptor in human brain associates with childhood abuse. *Nature Neuroscience, 12*(3), 342-348.

McIntosh, D. N., Reichmann-Decker, A., Winkielman, P., & Wilbarger, J. L. (2006). When the social mirror breaks: Deficits in automatic, but not voluntary, mimicry of emotional facial expressions in autism. *Developmental Science, 9*(3), 295-302.

Meaney, M. J. (2001). Maternal care, gene expression, and the transmission of individual differences in stress reactivity across generations. *Annual Review of Neuroscience, 24*(1), 1161-1192.

Medin, D. L., & Atran, S. (1999). Introduction. In D. L. Medin & S. Atran (Eds.), *Folkbiology* (pp. 461-476). Cambridge, MA: MIT Press.

Mehrabian, A., & Epstein, N. (1972). A measure of emotional empathy.

Journal of Personality, 40(4), 525–543.

Meins, E. (1997). *Security of attachment and the social development of cognition.* Hove, UK: Psychology Press/Erlbaum (UK) Taylor & Francis.

Meins, E., & Fernyhough, C. (1999). Linguistic acquisitional style and mentalising development: The role of maternal mind-mindedness. *Cognitive Development, 14,* 363–380.

Meltzoff, A. N. (1995). Understanding the intentions of others: Re-enactment of intended acts by 18-month-old children. *Developmental Psychology, 31*(5), 838–850.

Michalson, L., & Lewis, M. (1985). What do children know about emotions and when do they know it? In M. Lewis & C. Saarni (Eds.), *The socialization of emotions* (pp. 117–139). New York: Plenum press.

Miller, P. A., & Eisenberg, N. (1988). The relation of empathy to aggressive and externalizing/antisocial behaviour. *Psychological Bulletin, 103*(3), 324–344.

Mitchell, P. (1997). *Introduction to theory of mind: Children, autism and apes.* London: Edward Arnold Publishers.

Moll, H., & Tomasello, M. (2004). 12-and 18-month-old infants follow gaze to spaces behind barriers. *Developmental Science, 7*(1), F1–F9.

Moore, C., Barresi, J., & Thompson, C. (1998). The cognitive basis of future-oriented prosocial behavior. *Social Development, 7*(2), 198–218.

Moses, L. J., & Flavell, J. H. (1990). Inferring false beliefs from actions and reactions. *Cognitive Development, 61*(4), 929–945.

Mundy, P., Sigman, M., & Kasari, C. (1994). Joing attention, developmental level, and symptom presentation in autism. *Development and Psychopathology, 6*(3), 389–401.

Nelson, L. A. (1987). The recognition of facial expressions in the first two years of life: Mechanisms of development. *Child Development, 58*(4), 889–909.

Nicolich, L. M. (1977). Beyond sensorimotor intelligence: Assessment of symbolic maturity through analysis of pretend play. *Merrill-Palmer Quarterly, 23*(2), 89-99.

O'Connor, T. G., & Hirsch, N. (1999). Intra-individual differences and relationship-specificity of mentalising in early adolescence. *Social Development, 8*(2), 256-274.

O'Neill, D. K., Astington, J. W., & Flavell, J. H. (1992). Young children's understanding of the role that sensory experiences play in knowledge acquisition. *Child Development, 63*(2), 474-490.

Olweus, D. (1993). *Bullying at school: What we know and what we can do.* Malden, MA: Blackwell Publishing.

Onishi, K. H., & Baillargeon, R. (2005). Do 15-month-old infants understand false beliefs? *Science, 308*(5719), 255-258.

Perner, J. (1991). *Understanding the representational mind.* Cambridge, MA: MIT Press.

Perner, J., Frith, U., Leslie, A. M., & Leekam, S. R. (1989). Exploration of the autistic child's theory of mind: Knowledge, belief, and communication. *Child Development, 60*(3), 689-700.

Perner, J., Leekam, S. R., & Wimmer, H. (1987). Three-year-old's difficulty with false belief: The case for a conceptual deficit. *British Journal of Developmental Psychology, 5*(2), 125-137.

Perner, J., Ruffman, T., & Leekam, S. R. (1994). Theory of mind is contagious: You catch it from your sibs. *Child Development, 65*(4), 1228-1238.

Perner, J., & Wimmer, H. (1985). "'John thinks that Mary thinks that...": Attribution of second-order beliefs by 5 to 10-year-old children'. *Journal of Experimental Child Psychology, 39,* 347-471.

Peterson, C. C., & Siegal, M. (1998). Changing focus on the representational mind: Deaf, autistic and normal children's concepts of false photos, false drawings and false beliefs. *British Journal of Developmental Psychology, 16*(3), 301-320.

Peterson, C. C., & Siegal, M. (2002). Mindreading and moral awareness in popular and rejected preschoolers. *British Journal of Developmental Psychology, 20*(2), 205-224.

Pfeifer, J. H., Iacoboni, M., Mazziotta, J. C., & Dapretto, M. (2008). Mirroring others' emotions relates to empathy and interpersonal competence in children. *NeuroImage, 39,* 2076-2085.

Phillips, W., Baron-Cohen, S., & Rutter, M. (1992). The role of eye-contact in the detection of goals: Evidence from normal toddlers, and children with autism or mental handicap. *Development and Psychopathology, 4,* 375-383.

Piaget, J. (1929). *The child's conception of the world.* New York: Harcourt Brace.

Pillow, B. H. (1989). Early understanding of perception as a source of knowledge. *Journal of Experimental Child Psychology, 47*(1), 116-129.

Poulin-Dubois, D., Sodian, B., Metz, U., Tilden, J., & Schoeppner, B. (2007). Out of sight is not out of mind: Developmental changes in infants' understanding of visual perception during the second year. *Journal of Cognition and Development, 8*(4), 401-425.

Premack, D., & Woodruff, G. (1978). Does the chimpanzee have a theory of mind? *Behavioral and Brain Sciences, 1*(4), 515-526.

Repacholi, B. M. (1998). Infants' use of attentional cues to identify the referent of another person's emotional expression. *Developmental Psychology, 34*(5), 1017-1025.

Repacholi, B. M., & Gopnik, A. (1997). Early reasoning about desires: Evidence from 14-and 18-month olds. *Developmental Psychology, 33*(1), 12-21.

Rizzolatti, G., & Craighero, L. (2004). The mirror-neuron system. *Annual Review of Neuroscience, 27,* 169-192.

Rutter, M. (1983). Cognitive deficits in the pathogenesis of autism *Journal of Child Psychology & Psychiatry & Allied Disciplines, 24*(4), 513-531.

Rutter, M., Andersen-Wood, L., Beckett, C., Bredenkamp, D., Castle, J., Groothues, C., Kreppner, J., Keaveney, L., Lord, C., & O'Connor,

T. G. (1999). Quasi-autistic patterns following severe early global privation. *Journal of Child Psychology and Psychiatry and Allied Disciplines, 40*(4), 537–549.

Scaife, M., & Bruner, J. S. (1975). The capacity for joint visual attention in the infant. *Nature, 253*(5489), 265–266.

Shatz, M., Wellman, H. M., & Silber, S. (1983). The acquisition of mental verbs: A systematic investigation of the first reference to mental state. *Cognition, 14*(3), 301–321.

Slaughter, V., Dennis, M. J., & Pritchard, M. (2002). Theory of mind and peer acceptance in preschool children. *British Journal of Developmental Psychology, 20*(4), 545–564.

Sodian, B. (1991). The development of deception in young children. *British Journal of Developmental Psychology, 9*(1), 173–188.

Sodian, B., & Frith, U. (1992). Deception and sabotage and autistic, retarded and normal children. *Journal of Child Psychology & Psychiatry & Allied Disciplines, 33*(3), 591–605.

Sodian, B., Thoermer, C., & Dietrich, N. (2006). Two-to four-year-old children's differentiation of knowing and guessing in a non-verbal task. *European Journal of Developmental Psychology, 3*(3), 222–237.

Sonnby-Borgström, M., Jönsson, P., & Svensson, O. (2003). Emotional empathy as related to mimicry reactions at different levels of information processing. *Journal of Nonverbal Behavior, 27*(1), 3–23.

Sorce, J. F., Emde, R. N., Campos, J. J., & Klinert, N, D. (1985). Maternal emotional signaling: Its effect on the visual cliff behavior of 1-year-olds. *Developmental Psychology, 21*(1), 195–200.

Sparrow, S. S., Balla, D. A., & Cicchetti, D. V. (1984). *Vineland adaptive behavior scales.* Circle Pines, MN: Americal Guidance Service.

Spelke, E. S., Phillips, A., & Woodward, A. L. (1995). Infants' knowledge of object motion and human action. In D. Sperber, D. Premack, & A. J. Premack (Eds.), *Causal cognition: A multidisciplinary debate* (pp. 44–78). Oxford: Clarendon Press/Oxford University Press.

Striano, T., Henning, T., & Stahl, D. (2005). Sensitivity to social contingencies between 1 and 3 months of age. *Developmental Science, 8*(6), 509-518.

Sullivan, K., Zaitchik, D., & Tager-Flusberg, H. (1994). Preschoolers can attribute second-order beliefs. *Developmental Psychology, 30*(3), 395-402.

Sutton, J., Smith, P. K., & Swettenham, J. (1999). Social cognition and bullying-Social inadequacy or skilled manipulation? *British Journal of Development Psychology, 17*(3), 435-450.

Thorndike, E. L. (1920). Intelligence and its uses. *Harper's Magazine, 140*, 227-235.

Ungerer, J. A. (1989). The early development of autistic children: Implications for defining primary deficits. In G. Dawson (Ed.), *Autism: Nature, diagnosis, and treatment* (pp. 75-91). New York, NY: Guilford Press.

Wallbott, H. G., & Scherer, K. R. (1988). Cultural determinants in experiencing shame and guilt. In J. P. Tangney & K. W. Fischer (Eds.), *Self-conscious emotions: The psychology of shame, guilt, embarrassment, and pride* (pp. 465-487). New York, NY: Guilford Press.

Warden, D., & Mackinnon, S. (2003). Prosocial children, bullies and victims: An investigation of their sociometric status, empathy and social problem-solving strategies. *British Journal of Developmental Psychology, 21*(3), 367-385.

Wellman, H. M. (1990). *The child's theory of mind.* Cambridge, MA: Bradford.

Wellman, H. M., & Bartsch, K. (1988). Young children's reasoning about beliefs. *Cognition, 30*(3), 239-277.

Wellman, H. M., Cross, D., & Watson, J. (2001). Meta-analysis of theory-of-mind development: The truth about false belief. *Child Development, 72*(3), 655-684.

Wellman, H. M., & Inagaki, K. E. (1997). Editor's note. In H. Wellman & K. Inagaki (Eds.), *The emergence of core domains of thought:*

Children's reasoning about physical, psychological, and biological phenomena (pp. 1–6). San Francisco: Jossey–Bass Publishers.

Wellman, H. M., & Liu, D. (2004). Scaling of theory of mind tasks. *Child Development, 75*(2), 523–541.

Wellman, H. M., & Woolley, J. D. (1990). From simple desires to ordinary beliefs: The development of everyday psychology. *Cognition, 35*(3), 245–275.

Whiten, A., & Perner, J. (1991). Fundamental issues in the multidisciplinary study of mindreading. In A. Whiten (Ed.), *Natural theories of mind: Evolution, development and simulation of everyday mindreading* (pp. 1–18). Oxford: Basil Blackwell.

Wimmer, H., Hogrefe, G. J., & Perner, J. (1988). Children's understanding of informational access as source of knowledge. *Child Development, 59*(2), 386–396.

Wimmer, H., & Perner, J. (1983). Beliefs about beliefs: Representation and constraining function of wrong beliefs in young children's understanding of deception. *Cognition, 13*(1), 103–128.

Woodward, A. L. (1998). Infants selectively encode the goal object of an actor's reach. *Cognition, 69*(1), 1–34.

Woodward, A. L. (2003). Infants' developing understanding of the link between looker and object. *Developmental Science, 6*(3), 297–311.

Woodward, A. L., & Guajardo, J. J. (2002). Infants' understanding of the point gesture as an object–directed action. *Cognitive Development, 17*(1), 1061–1084.

Youngblade, L. M., & Dunn, J. (1995). Individual differences in young children's pretend play with mother and sibling: Links to relationships and understanding of other people's feelings and beliefs. *Child Development, 66*(5), 1472–1492.

Zaitchik, D. (1990). When representations conflict with reality: The preschooler's problem with false beliefs and "false" photographs. *Cognition, 35*(1), 41–68.

찾아보기 <<<

• 인명 •

저자 소개

김혜리(Ghim Hei Rhee)

이화여자대학교 영어영문학과 학사

서울대학교 대학원 심리학과 석사

미국 브라운 대학교 심리학과 박사

현 충북대학교 심리학과 명예교수

〈주요 저서 및 역서〉

발달심리학(공저, 학지사, 2019)

길고 멋진 미래: 행복한 노년 준비하기(공역, 박영스토리, 2017)

아동 · 청소년 정신병리학(3판, 공역, 시그마프레스, 2017)

자폐인의 세상 이해하기: 사회적 관계에 관한 불문율(공역, 시그마프레스, 2014)

그 남자의 뇌, 그 여자의 뇌: 뇌과학과 심리 실험으로 알아보는 남녀의 근본적 차이(공역, 바다출판사, 2007)

마음盲: 자폐증과 마음이론에 관한 과학에세이(공역, 시그마프레스, 2005)

심리학 입문 시리즈
발달심리

마음읽기와 마음나누기:
마음이론과 사회적 적응에 관한 소고

Mind-reading and Mind-sharing: Studies on Theory of Mind and Social Adaptation

2023년 2월 20일 1판 1쇄 인쇄
2023년 2월 25일 1판 1쇄 발행

지은이 • 김혜리
펴낸이 • 김진환
펴낸곳 • (주)**학지사**

04031 서울특별시 마포구 양화로 15길 20 마인드월드빌딩
대표전화 • 02)330-5114   팩스 • 02)324-2345
등록번호 • 제313-2006-000265호

홈페이지 • http://www.hakjisa.co.kr
페이스북 • https://www.facebook.com/hakjisabook

ISBN 978-89-997-2855-6 93180

정가 15,000원

출판미디어기업 **학지사**

간호보건의학출판 **학지사메디컬** www.hakjisamd.co.kr
심리검사연구소 **인싸이트** www.inpsyt.co.kr
학술논문서비스 **뉴논문** www.newnonmun.com
교육연수원 **카운피아** www.counpia.com